湖北"大交通"管理体制机制研究

李　刚　陈方晔　郭再政　著

人民交通出版社股份有限公司

北　京

图书在版编目(CIP)数据

湖北"大交通"管理体制机制研究 / 李刚, 陈方晔, 郭再政著. — 北京 : 人民交通出版社股份有限公司, 2022.9

ISBN 978-7-114-18177-1

Ⅰ. ①湖… Ⅱ. ①李… ②陈… ③郭… Ⅲ. ①城市交通—交通运输管理—研究—湖北 Ⅳ. ①F572.886.3

中国版本图书馆 CIP 数据核字(2022)第 156526 号

Hubei Dajiaotong Guanli Tizhi Jizhi Yanjiu

书　　名: 湖北"大交通"管理体制机制研究
著 作 者: 李　刚　陈方晔　郭再政
责任编辑: 陈　鹏
责任校对: 赵媛媛　魏佳宁
责任印制: 刘高彤
出版发行: 人民交通出版社股份有限公司
地　　址: (100011)北京市朝阳区安定门外外馆斜街 3 号
网　　址: http://www.ccpcl.com.cn
销售电话: (010)59757973
总 经 销: 人民交通出版社股份有限公司发行部
经　　销: 各地新华书店
印　　刷: 北京建宏印刷有限公司
开　　本: 720×960　1/16
印　　张: 7.5
字　　数: 135 千
版　　次: 2022 年 9 月　第 1 版
印　　次: 2022 年 9 月　第 1 次印刷
书　　号: ISBN 978-7-114-18177-1
定　　价: 60.00 元

前　言

湖北省作为中部地区的重要省份，紧紧围绕交通强国战略和全省“一主引领、两翼驱动、全域协同”区域发展布局，牢牢把握“建设交通强国示范区、打造新时代九省通衢”发展定位，构建“三枢纽、两走廊、三区域、九通道”综合交通运输布局，建设引领中部、辐射全国、通达世界的现代化综合交通运输体系，为打造国内大循环重要节点和国内国际双循环战略链接提供交通支撑，为湖北省加快“建成支点、走在前列、谱写新篇”当好交通先行。但是，从满足经济社会发展需要和人民日益增长的高品质交通需求来看，湖北省交通运输仍存在一些短板和不足，突出地表现在现有的综合交通运输管理体制机制与新时代交通运输一体化发展要求不相适应。

当前，交通发展由追求速度规模向更加注重质量效益转变，由各种交通方式相对独立发展向更加注重一体化融合发展转变，由依靠传统要素驱动向更加注重创新驱动转变。面对新的历史机遇、国家重托、湖北使命，应大力深化改革，构建适应新时期综合交通运输发展的体制机制，补短板、强弱项，对标全国先进，建成安全、便捷、高效、绿色、经济的现代化综合交通运输体系。

本书以湖北省为例，以交通运输管理体制机制为主要研究对象，采取“理论分析—现状分析—案例分析—方案设计—实践分析—政策建议”的逻辑思路，借鉴经济学理论，从发展的视角剖析交通运输建设问题，结合湖北省交通运输行业实际，改变传统的交通运输管理方法和管理手段，强化对交通运输的统一规划、统一政策引导与指导，积极发挥各种运输方式的技术经济优势，促进包括多式联运在内的综合交通运输体系的发展，提高整个社会的交通运输效率，降低社会运行成本，从而找出湖北省交通运输现有模式与新时代交通运输一体化发展不相适应的结构性因素，形成湖北“大交通”管理体制机制的研究报告、指导意见、实施方案及政策建议。

由于《构建湖北“大交通”管理体制机制问题研究》强调应用性研究，在理论研究方面略有不足，加上作者水平有限，虽几经修稿，书中的错漏仍在所难免，欢迎广大读者不吝赐教。

李　刚

2022 年 8 月

目　　录

第一章　湖北综合交通运输管理体制机制研究概述

第一节　研究的背景、目的及意义

交通是国民经济和社会发展的重要基础，是现代社会充满生机和活力的大动脉，是全面建成小康社会的坚强保障。21 世纪以来，中国政府全面深化交通运输改革，加快建设现代综合交通运输体系，不断提升交通运输行业治理体系和治理能力现代化水平，交通运输进入了各种运输方式交汇融合、统筹发展的新阶段。进入新时代，"要建设更多更先进的航空枢纽、更完善的综合交通运输系统，加快建设交通强国"①。2019 年 9 月《交通强国建设纲要》提出，要"推动交通发展由追求速度规模向更加注重质量效益转变，由各种交通方式相对独立发展向更加注重一体化融合发展转变，由依靠传统要素驱动向更加注重创新驱动转变，构建安全、便捷、高效、绿色、经济的现代化综合交通体系，打造一流设施、一流技术、一流管理、一流服务，建成人民满意、保障有力、世界前列的交通强国"。党的十九届五中全会对加快建设交通强国作出专门部署，提出明确要求：加快建设人民满意、保障有力、世界前列的交通强国，为全面建设社会主义现代化国家当好"先行官"。加快建设交通强国，建成全面、系统、现代化的综合交通运输体系，是我国供给侧结构改革的必要手段，将极大地促进我国迈向全面小康社会的步伐。

湖北省作为中部地区的重要省份，已初步构筑起以综合交通枢纽为中心，以"五纵三横"铁路网、"七纵五横三环"高速公路网、高等级航道为骨架，多种运输方式并存的综合交通运输网络，交通运输也从"走得了、运得了"向"走得好、运得好"升级。但是，与全省"建成支点，走在前列"的总体要求相比，从满足经济社会发展需要和人民日益增长的高品质交通需求来看，仍存在一些短板和不足，突出地表现为综合交通运输现有的管理体制机制与新时代交通运输一体化发展要求不相适应。

---

① 习近平出席投运仪式并宣布北京大兴国际机场正式投入运营[N]. 人民日报,2019-10-26(01).

本书正是基于上述考虑，以湖北省为例，以国内外交通运输行业发展经验为借鉴，立足于湖北省交通运输发展现状，探寻湖北省综合交通运输管理体制改革的模式。全书立足我国综合交通运输管理体制发展的总体情况，根据新形势下“交通强国”的总体要求，对国外发达国家相关机构及国内相关学者的研究成果做了系统归纳总结，将全新的研究背景与研究现状相结合，构思研究内容及思路，为湖北省综合交通运输管理体制改革提供有益的理论及实施路径。

一、选题背景与目的

交通运输是经济社会发展的命脉，俗语“要致富，先修路”，经济社会发展高度依赖交通运输系统实现对各种要素的流通。目前，全国交通运输事业正处于快速发展的阶段，截至 2020 年底，全省综合交通网总里程达 31 万公里，实现了市市有铁路，县县通高速公路，乡镇通二级路，村村通硬化路和客车，交通“硬联通”不断延伸、加密、成网。公路总里程 29 万公里，其中国省道 3.5 万公里，农村公路 25.5 万公里。高速公路通车 7230 公里，在建 683 公里，“九纵五横三环”高速公路骨架网基本形成。“四好农村路”全国示范县 8 个，省级示范县 39 个，示范乡镇 150 个。内河航道里程 8667 公里，高等级航道 2090 公里，港口 38 个，港口码头总泊位数 1386 个。铁路营业里程 5259 公里，其中高速和城际铁路 1639 公里。拥有民用机场 7 个，通用机场 5 个，开通航线 356 条，其中国际和地区航线 77 条。建成三级以上等级客运站 198 个，物流园区 70 个。公交线路 1956 条，公交专用道 550 公里，轨道交通运营里程 360 公里，实现了地市级城市公交一卡通全国互联互通。邮政邮路总条数 1262 条，邮路总长度（单程）30.87 万公里，实现村村通邮，乡乡通快递。油气管道里程 7400 公里，实现县县通天然气。综合交通运输立体、畅通、绿色的基础设施建设成效显著，高效、便捷、安全的服务经济社会发展能力大幅提升，统一、务实、创新的高质量发展合力不断增强，为经济社会发展提供了有力支撑。

湖北位于祖国中部、长江中游、华中核心地带，得中独厚、得水独优，雄踞“湖北通则中部通，中部通则全国通”的“天元”区位，东邻安徽，西连重庆，西北与陕西接壤，南接江西、湖南，北与河南毗邻，是东西互动、南北对接必经之地和中国经济板块重心“北上西进”的交汇点，省会武汉素有“九省通衢”之称，是中国内陆最大的水陆空交通枢纽、长江中游航运中心，其高铁网辐射大半个中国，是华中地区唯一可直航全球五大洲的城市，是全国重要的水陆空交通枢纽和南北经济联系的重要“十字路口”，是“一带一路”建设、长江中游城市群、长江经济带战略叠加区。新中国成立以来，湖北交通历经了五个大的发展阶段：一是

1949—1977年的恢复发展阶段;二是1978—1992年的振兴发展阶段;三是1993—2002年的换挡提速阶段;四是2003—2012年快速崛起阶段;五是2013年至今的绿色高质量发展阶段,湖北交通运输从初期的"瓶颈制约"到"超前发展",一路高歌猛进。1949年,湖北全省解放时,全省公路等级低、结构不合理,航道淤积、闸坝碍航,车船运力不能满足人民群众和社会需要,能勉强通车的公路不足1000公里,运输工具只有1100余辆破旧汽车和100余艘小轮船,交通不便、运输紧张、乘车难、运货难是普遍现象,交通成为国民经济发展的"瓶颈"。70多年来,交通基础设施建设实现大跨越,不断加大投入力度,实施项目大建设,交通基础设施发生了翻天覆地的变化。

据统计显示,2008—2018年的10年,湖北交通固定资产投资总额7542亿元,是前10年的5倍,相当于新中国成立后60年交通投资总和的3.5倍。新中国成立以来,湖北综合交通基础设施建设从无到有,从低阶段到高质量,规模和速度双提升。高铁拉近时空距离,高速公路连接千家万户,农村公路网越织越密,水运发展加速补齐短板,民航冲刺全国航空"第四城",城市交通织密便民网络,"得中独厚"的交通区位优势,正激发社会经济发展的内生动能。截至2020年底,综合交通网总里程达到31.1万公里(不含民航航线、城市道路),密度达到167.3公里/百平方公里。其中,铁路营业里程5259公里(高速铁路1639公里),公路通车总里程29.0万公里(高速公路7230公里),内河航道通航里程8667公里(高等级航道2090公里),油气管道里程7400公里。港口吞吐能力4.3亿吨,集装箱吞吐能力502万标箱。民航旅客吞吐量达到1776万人次,货邮吞吐量达到19.68万吨,综合交通运输发展水平跃上新台阶,"祖国立交桥"地位凸显。

2019年9月,国务院颁布了《交通强国建设纲要》,提出到2035年,基本建成交通强国:现代化综合交通体系基本形成,人民满意度明显提高,支撑国家现代化建设能力显著增强;拥有发达的快速网、完善的干线网、广泛的基础网,城乡区域交通协调发展达到新高度;基本形成"全国123出行交通圈"(都市区1小时通勤、城市群2小时通达、全国主要城市3小时覆盖)和"全球123快货物流圈"(国内1天送达、周边国家2天送达、全球主要城市3天送达),旅客联程运输便捷顺畅,货物多式联运高效经济;智能、平安、绿色、共享交通发展水平明显提高,城市交通拥堵基本缓解,无障碍出行服务体系基本完善;交通科技创新体系基本建成,交通关键装备先进安全,人才队伍精良,市场环境优良;基本实现交通治理体系和治理能力现代化;交通国际竞争力和影响力显著提升。强调到21世纪中叶,全面建成人民满意、保障有力、世界前列的交通强国。

2021—2035年,是我国经济发展的新时期,经济发展逐步转入新常态模式,各行业的产业结构与布局、人民的消费方式、商品的流通格局，以及生产力的配置都会发生重大的改变。现阶段来看，与国家社会经济发展的规划要求相比，我国的交通运输行业发展层次明显还有很多的不足之处，包括：一是交通区位优势尚未充分释放，交通运输基础设施的网络布局严重失衡，连接区域与区域之间的国道、省道和航空通道数量还比较少，交通资源对偏远山区的投入较小，一定程度上阻碍了扶贫工作的开展；二是现代综合交通运输发展仍处于初级阶段，各种交通运输方式并未得到合理整合，城区与郊区通道并不十分畅通，交通运输的信息化程度尚不成熟，建立综合交通运输体系迫在眉睫；三是行业管理效能发展滞后，交通运输管理体制和机制还存在许多问题，铁路与民航方面的体制改革需要得到进一步深化。

“十四五”期间，随着经济全球化的推进，区域合作日益密切，竞争日益激烈，经济社会发展和人民生产生活对交通运输的总量和质量需求日益提升，人民群众对安全、快捷、舒适交通运输等方面的需求与现阶段综合交通发展不充分不平衡产生矛盾。面对新形势、新要求，必须坚持以科学发展观为指导，进一步解放思想、巧展思路，对交通发展模式、发展重点、发展方向等一系列重大问题进行深入研究和积极探索。

在建设综合交通运输体系和改革现有交通运输管理体制的大背景下，全国各地纷纷开始探索研究如何建立适应本区域的交通运输管理体系，怎样进一步改善管理体制中现存的不适应交通运输发展的问题，以及如何加快推进综合交通运输的进一步发展。湖北省作为中部地区重要的交通枢纽，已初步构筑起以综合交通枢纽为中心，以“五纵三横”铁路网、“七纵五横三环”高速公路网、高等级航道为骨架，多种运输方式并存的综合交通运输网络，交通运输也从“走得了、运得了”向“走得好、运得好”升级。但是，与湖北省“建成支点，走在前列”的总体要求相比，从满足经济社会发展需要和人民日益增长的高品质交通需求来看，仍存在一些短板和不足，突出地表现在综合交通运输现有的管理体制机制与新时代交通运输一体化发展要求不相适应。一方面，各种运输方式竞相发展，但相互之间缺乏衔接和协调；另一方面，现行交通管理体制机制与社会经济发展不相适应，制约甚至阻碍了区域经济的发展。在国家和省政府要求加快发展现代服务业，以及交通运输部提出建设综合交通的背景下，湖北省坚持科学发展，立足民生民本，从谋划发展思路与发展目标、明确功能定位与战略步骤等方面对湖北省综合交通运输体系展开顶层设计，厘清湖北经济社会发展和人民生活对交通发展的新要求，充分利用现代科学技术、现代管理技术和先进的信息技术，有效配置各种交通资源，提高综合交通系统效率，统筹推进铁路、公路、航空、水运、管道等多种运输方式有机衔接、协调发展，致力于形成便捷、高效、安全、绿色的综合交通运输体系，适应不断增长的交通运输需求，全面提升湖北省综合竞争力。

因此，湖北省以国家制定的重大社会经济发展战略为指导，科学详细地编制了湖北省综合交通运输发展规划，把构建综合交通运输管理体系和改革现有交通运输管理体制放在全省经济建设工作的突出位置，并对今后省内交通运输事业的发展做出详细的规划，实现综合交通可持续发展，构建新时代一体化综合交通运输发展体系。本书正是在这样的背景下，提出了开展我国省级综合交通运输管理体制改革研究，并以湖北省为例进行有针对性的深化研究。具体的改革措施包括：继续统筹交通运输主管部门的职能；扩大交通运输主管部门的管辖范围；调整交通运输主管部门的机构设置；明确交通运输部门与其他政府部门的权力和责任；剥离事业单位所拥有的行政权力；加强规划引导，推动交通项目多评合一和统一评审；重新设立政府部门中的监督管理机构；强化安全责任监督；建设廉洁政府等。

二、研究意义

根据《交通运输部关于开展全面深化交通运输改革试点工作的通知》（交政研发〔2014〕234 号），明确湖北省为综合交通运输改革试点省。加快构建湖北综合交通运输体系，将有利于充分发挥湖北作为东部地区产业转移、西部地区资源输出和南北区域交流合作的战略通道作用，加快在中部腹地形成全国重要的现代综合交通枢纽和区域协调发展的战略支点。将推动国家统筹协调、梯次推进发展重大战略的深入实施，促进中部崛起和全国区域的协调发展。将强化湖北省在全国综合交通运输体系中的战略地位，适应湖北产业转型发展和大宗物资运输对快速化、专业化、大型化和一体化交通运输的需求，加速现代城镇体系布局优化和城乡一体化进程。将密切与长三角、山东半岛、湖北沿海、京津冀等区域的合作，推动内陆对外开放高地建设，支撑湖北省在全国发展大局中发挥腹地效应，促进协调发展，实现中部崛起。

（一）理论意义

将有助于在省级综合交通运输管理体制改革方面提供理论指导，丰富湖北省综合交通运输管理体制改革的理论研究内容；结合湖北省交通运输行业实际情况，有针对性地构建省级综合交通运输管理体制，改进传统交通运输管理方法和管理手段，强化对交通运输的统一规划、统一政策引导与指导，积极发挥各种运输方式的技术经济优势，促进包括多式联运在内的综合交通运输体系的发展，提高整个社会的交通运输效率，降低社会运行成本。

（二）实践意义

一是对湖北省综合交通运输管理体制改革的分析，能促进对湖北省现行的综合交通运输管理体制存在的一些问题进行解决；二是为湖北省综合交通运输管理体制改革的方法提供理论上的依据，同时针对湖北省交通运输管理体制现存的问题，为今后的深化体制改革指明方向；三是分析新的宏观背景下、湖北省经济发展新态势下综合交通运输管理体制存在的问题，提出在综合交通运输管理体制改革方面的一些思路。

第二节　研究思路

一、整体方案

紧密结合新一轮国务院机构改革和职能转变方案的大背景，借鉴在交通行政管理体制改革实践中走在前列的省市的好做法，研究国外典型国家在不同经济社会发展阶段的职能配置特点，总结国内外交通职能配置发展的总体趋势和发展重点，分析湖北省近年来推进交通运输行政体制改革的主要做法和成效，重点从“大部制改革”和“理顺部门职责边界”两个角度，提出需要调整和完善的地方，研究对湖北省交通运输行政管理体制改革的要求，指导湖北省深化交通行政管理体制改革，促进行政职能转变。根据行政管理职能转变的现实条件、改革的轻重缓急和实施的难易程度，提出湖北省交通运输厅行政管理体制改革和职能转变的建议。

二、研究目标

立足于经济社会整体发展对交通基础设施的需要，通过梳理总结湖北在交通基础设施建设方面的具体工作与效果，并借鉴国内外综合运输体系的发展和管理经验，构建湖北省综合运输体系规划，特别是解决综合交通运输体系结构优化、不同运输方式间彼此协调，交通运输体系整体与组成部分的效率，交通运输系统可持续发展等问题。通过相关分析研究，厘清湖北综合交通运输体系规划状况和存在的问题，经济社会发展对交通运输体系的需求，在此基础上提出适合湖北发展状况的综合交通运输管理优化方案。

三、研究内容

根据国务院颁布的《交通强国建设纲要》，全国各个省（自治区、直辖市）均积极践行本地区综合交通运输体系的建设，改革现有的不适应综合交通运输发展的管理体制模式成为当务之急。因此，本书以湖北省为例，以交通运输管理体制为主要研究对象，同时借鉴发达国家及国内相关省（自治区、直辖市）的发展经验，根据综合交通运输的发展要求，以及现有综合交通运输管理体制存在的问题，从理论上对综合交通运输管理体制进行系统研究，并最终提出详细的改革措施及发展模式。

第一章首先介绍研究背景、意义、方法、技术路线，指出在当前国家要求建立综合交通运输体系以及交通运输部提出改革交通运输管理体制的大背景下，湖北省立足本省省情，编制了《湖北省综合交通运输“十三五”规划》，提出要构建本省的综合交通运输管理体制。然后对国内外有关交通运输管理体制的文献进行了总结和归纳，得出构建综合交通运输管理体制是当今世界交通运输行业发展趋势的结论。

第二章主要介绍了综合交通运输管理体制的相关概念以及改革综合交通运输管理体制所需要应用的文献综述。综合交通运输体系一般指的是：综合各种交通运输方式，如铁路运输、公路运输、民航运输、水路运输等，按照它们各自不同的运输性质及特点结合成一种科学合理、分工明确、运行畅通的交通运输综合的系统。交通运输管理体制也属于行政管理体制的一种，它特指在交通运输领域内的国家有关政府部门、事业单位以及企业单位等管理机构的设置、管理职能的划分、管理人员的配置以及机构运行规则。在基础理论方面，主要介绍了新公共管理理论、协同政府理论和公共利益理论。

第三章首先分别从交通基本情况、管理体制现状、运行机制现状等方面介绍了湖北省交通运输发展现状，并提出现阶段存在的主要问题。其次介绍了湖北省交通运输管理体制现状以及存在的问题。最后分析了湖北省构建综合交通运输管理体制的必要性。

第四章主要介绍了美国、英国、日本三个发达国家以及国内湖北省、北京市、深圳市三个主要地区的交通运输管理体制发展现状，并分析其体制特点，得出交通运输管理体制当由分散走向集中，有利于解决资源浪费效率低下等问题。同时，借鉴国内外发展经验的基础，对湖北省机构设置、职能配置和法制建设等方面也有重要启示。

第五章在借鉴美国、英国、日本等发达国家以及湖北、北京、深圳等国内相关地区的交通运输管理体制改革经验的基础上，结合湖北省目前的交通运输基础设施建设状况与现存的管理体制的缺陷，按照大部门体制改革的思路，研究分析提出湖北省综合交通运输管理体制改革的总体架构与设想，包括改革的指导思想、必须遵循的基本原则、按期实现的具体目标和改革的保障措施建议等。

第六章提出湖北省综合交通运输管理体制改革必须做好综合交通运输管理体制改革工作的保障措施，确保改革工作的顺利进行，以达成改革原定的目标。将从组织保障、法规保障、技术保障、人才保障四个方面，对湖北省综合交通运输管理体制改革工作提出相关保障措施的建议。

四、研究方法

本书通过理论与实践的研究，分析湖北综合交通运输体系建设的实践问题。在研究过程中，运用经济学相关方法论，从发展的视角分析交通运输建设问题，将理论与湖北省实践经验，国际经验、社会发展趋势与湖北省实际情况结合进行研究和分析，具体方法包括：

(1)文献研究方法。文献是记录知识的载体，包括图书、报刊、会议资料、访谈记录、学位论文等各种文件。本书对文献研究法的应用就是查阅文献资料，全面了解研究课题的现状，找出事物的本质属性和特点，尤其从国内外相关文献著作中找出关于交通运输行政管理体制的描述，并加以深入理解和系统研究，形成科学的理论原则和策略，通过理论联系实际，结合日益严重的交通运输管理体制问题，提出相应的解决途径。如在第一章做国内外研究综述时应用此研究法，得出了综合交通运输管理体制的研究评述。

(2)理论实践结合法。运用公路经济学、运输经济学和公共管理学的相关理论，以发展的眼光看问题，理论指导实践，结合国家经济发展新常态下的发展趋势及湖北省交通运输行业的实际发展情况，在研究国内外综合交通运输管理体制的基础上，对国内综合交通运输管理体制发展进行理论研究。

(3)比较分析法。充分比较各种发展模式的特点，寻找与湖北省发展最为相近或最合适的体制模式，以此指导湖北省的综合交通运输体系建设工作。比较分析法可以从历史的角度，纵向分析不同时期各个国家和地区的综合交通运输管理体制演变过程并作出充分的比较，从而找到促使其发展的根本原因，也可以从横向的角度，对比同一时期不同地区的综合交通运输管理体制发展和改革的现状，归纳总结其共同之处，找出各自的优点和缺点。

(4)系统集成性研究方法。综合运输体系具有复杂的结构，需要各组成部分高度协调，其运行效率评估也有许多复杂因素。因此，相关研究需要综合运用诸多学科的知识和方法，特别是借鉴系统理论与方法，进行全面系统的观点思考与分析。从交通运输系统整体出发，研究和评价相关问题，讨论其中重要的关系。

（5）定性和定量结合分析法。一方面，通过理论研究分析经济发展与综合运输体系的内在联系；另一方面，大量收集汇总湖北交通运输体系建设方面的数据，对湖北省经济发展与综合交通运输体系的内在关系进行准确的数量把握，以此对湖北省综合交通运输体系建设和管理体制改革作出定性与定量相结合的分析，全面深入评估湖北各种运输方式发展状况和技术经济特征，同时结合其他分析方法，讨论各种运输方式的宏观管理体制、投融资体制及其对社会经济发展的效益。

（6）实践抽象法。实践出真知，综合交通运输管理体制形成和运转的实践活动，也是其基本理论产生的源泉。理论研究必须把交通运输管理体制运作实践中人们已经形成的相对一致的思想观点、成熟稳定的操作形式和管理体制的内在机理加以总结概括和抽象。从具体到抽象，从现象到本质，从理论到实践，从而得出湖北省综合交通运输管理体制改革所应该采取的具体措施。

第二章　湖北省综合交通运输管理体制机制基础理论与文献综述

“十四五”期间是湖北省交通运输业实现供给侧改革及转型升级的重要时期,也是推进湖北省综合交通运输体系建设和综合交通运输管理体制改革的关键时期。因此需要科学界定综合交通运输体系及综合交通运输管理体制的相关概念内涵,以综合交通运输和经济管理领域相关理论的基础为基础,对湖北省综合交通运输管理体制机制进行研究。

第一节　相关概念界定

一、综合交通运输体系

学界普遍认为,20 世纪 50 年代初期,苏联首先提出综合交通运输体系的概念:综合交通运输是相对于单一运输方式而言的,是各种运输方式在社会化的运输范围内和统一的运输过程中,按其技术经济特点组成分工协作、有机结合、连接贯通、布局合理的交通运输体系。欧盟对综合交通运输的定义为:综合交通运输是货物在同一运输工具或载货单元中移动,连续使用几种运输方式,并且运输方式之间转换时货物本身不需要装卸。1994 年,日本经济计划厅综合计划局内的综合交通运输问题研究会提交了一份有关综合运输问题的报告,指出所谓“综合交通运输体系,就是为了使当前的运输体系向理想化的方向发展,而对各种运输方式所做的分工”。

综合交通运输体系的提法已在各个领域被官方和非官方应用,其核心思想是:根据全国或区域经济地理特征和各种运输方式的技术经济特点,经济合理地发展各种运输方式,并使之有机结合形成一个完整高效的交通运输系统,为社会经济发展服务。对于综合交通运输体系的具体定义,至今还没有一个非常明确的标准。各国由于自身交通运输结构组成、发展水平和运营模式不同,给出的定义也不尽相同。我国也有一些学者进行了相关论述,重点讨论了“无缝”“连续”“一体化”“发挥各自优势,优势互补”等相关概念。

关于综合交通运输体系的概念,我国不同时期的学者有着不同的观点。其中王庆云指出，综合交通运输体系是为了满足国民经济和社会发展的需要和市场主体的现实需要，将铁路、公路、水运、民航、管道等多元运输方式进行整体性思考和规划，以形成综合性系统能力的一种交通运输发展思路。罗坚仁认为，现代综合交通运输体系的定义，是指符合一个国家或地区的经济地理特征，适应国民经济发展和人们生活水平提高的要求，各种运输方式分工协作、优势互补，采用现代先进技术在物理和逻辑上实现一体化的交通运输系统的总称。孙启鹏认为，综合交通包括公路、铁路、水路、航空、管道及城市交通。潘颖指出，综合交通运输体系是指在社会化的运输范围内和统一的运输过程中，按照各种交通运输方式的技术经济特点，形成分工协作、有机结合、布局合理、联结贯通的交通运输综合体。具体观点如表 2-1 所示。可以看出，这些观点大都有着相似之处，即综合交通运输必须是多种运输方式的有机结合。

综合交通运输体系观点　　表 2-1

研究者及时间	主要表述
杨洪年(1990)	综合交通运输体系是指在社会化的运输范围内和统一的运输过程中，按照各种运输方式的技术经济特点，形成分工协作、有机结合、布局合理、联结贯通的交通运输综合体
王庆云(2002)	综合交通运输体系是市场经济发展到特定阶段后，基于科技创新和制度创新而形成的现代交通运输新型组织形式，是为了满足国民经济和社会发展的需要和市场主体的现实需要，将铁路、公路、水运、民航、管道等多元运输方式进行整体性思考和规划，以形成综合性系统能力的一种交通运输发展思路
罗仁坚(2003)	综合交通运输体系必须是在符合一个国家或地区的经济地理特征，适应国民经济发展和人们生活水平提高的要求的基础上，各种运输方式分工协作、优势互补，采用现代先进技术在物理上和逻辑上实现一体化的交通运输系统
李宏(2005)	综合交通运输体系在西方国家指的是在各种运输方式之间实现“无缝”和“连续”的一种运输，而在我国却是指对各种运输方式的合理使用范围、分工和投资比重等进行划分。前者是在市场经济下解决运输市场出现的问题，而后者更多的是在计划经济条件下研究如何解决运输部门之间出现的问题
孙启鹏(2010)	综合交通包括公路、铁路、水路、航空、管道及城市交通。综合交通有四个特征：各子系统之间联系广泛而紧密；具有多层次、多功能的结构；系统是开放的，与环境有密切的联系；系统是动态的，不断处于发展变化之中
马会(2016)	综合交通运输体系就是基于各种运输方式的技术经济特点和可持续发展的思想，建立形成的符合区域经济地理特征、社会发展要求的各种运输方式、优化配置的交通基础网络系统，与采取现代先进技术进行合理的运输组织和交通管理，在物理上和逻辑上实现交通运输全过程各个环节无缝连接的一体化运行使用系统的有机集成

根据国内外相关机构及学者的研究分析,综合交通运输体系就是基于各种运输方式(包括铁路运输、公路运输、民航运输、水路运输、管道运输及邮政、物流等)的技术经济特征和可持续发展的思想,建立形成符合区域经济地理特征和社会经济发展要求的优化配置的交通基础网络系统;采用现代先进技术进行合理的运输组织和交通管理,在物理上和逻辑上实现交通运输全过程各个环节无缝连接的一体化运输系统的有机集成。其有助于促进交通运输整体效益的提高,改善有效资源的合理利用,保障国民经济的高质量快速发展。

二、行政管理

行政管理是运用国家权力对社会事务及机关、企业、团体内部的一种管理活动,也可以泛指一切企业、事业单位的行政事务管理工作。行政管理系统是一类组织系统,是社会系统的一个重要分系统。英文"行政"(administration)和"管理"(management)是近义词。其中,administration(行政)通常是指服从上一级的指令并遵照执行;management(管理)则是指执行某种任务并要取得结果,且管理者个人对造成的结果负责。

现代意义上广义的行政管理概念,是泛指一切社会组织、社会团体对有关公共事务的治理、管理和实施的社会活动,同时也指国家有关部门对政治战略的实施,包括立法、行政、司法等,又称为公共行政。相比而言,行政管理狭义上一般是特指国家行政机关对社会公共事务的管理,也可以称为公共行政管理。其主体要素包括政府部门的组织机构、管理人员,客体是所对应的社会公共事务。管理的目的是提高政府行政的效率和公众的满意程度。行政管理具有强烈的阶级性、广泛的社会性、法定的权威性和组织的系统性等特征。

三、行政管理体制

行政管理体制是指行政系统的权力划分、组织结构、职能配置等的关系模式,主要包括三个方面的含义:第一,行政体制的核心内容是行政权力的划分和行政职能的配置,行政职能的配置又左右着行政组织结构和行政运行。第二,行政组织结构是行政体制的表现形式,是行政权力和行政职能的载体。若无机构,行政体制也就不存在了。第三,行政体制是政治体制的有机组成部分,与立法体制、司法体制等共同构成国家管理体制,也要受到立法体制和司法体制的制约。具体而言,行政管理体制是规定中央、地方的机关、企业、团体在各自方面的管理范围、权限职责、利益及其相互关系的准则。它的核心是管理职能、管理机构、管理人员、管理规则。它的强弱直接影响到管理的效率和效能,在中央、地方的机关、企业、团体整个管理中起着决定性作用。它的构成要素如图2-1所示。

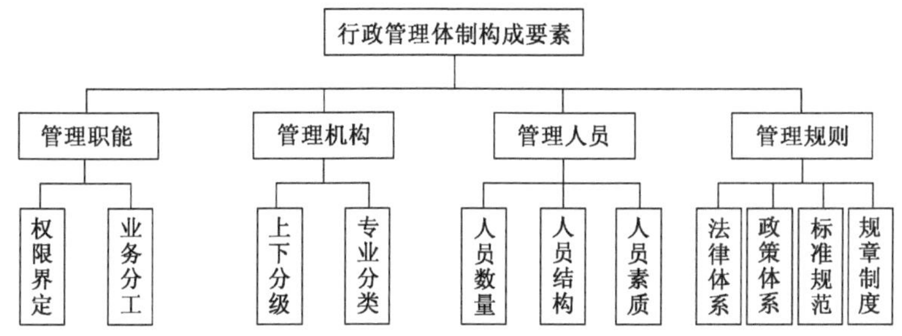

图2-1　行政管理体制构成要素

四、交通运输管理体制与机制

交通行政管理体制是交通行政管理机构设置、行政职权划分及为保证交通管理顺利进行而建立的一切规章制度的总称。其核心是交通行政机构的框架、国家赋予交通部门的管理职能和行使职能的法律法规和规章制度。郗恩崇在其《道路运输行政管理学》一书中提到，交通运输就是指人和货物的空间位移，也就是通常所说的客货运输。交通运输最大的意义就是能够满足社会人员的交流和商品的交换。这种交流和交换的程度越高、速率越密集，越能促进一个地区的社会经济繁荣。结合交通运输和行政管理体制的概念，可以得出交通运输管理体制的概念：一般是指交通运输行业有关的国家机关和企事业单位组织结构的构成、管理权限和职责的划分、人员的配置和运行机制的总和，是交通运输主管部门依照国家法律法规对社会交通运输事务的管理活动。

交通运输运行机制则是交通运输管理体制的一个有机载体，是组织机构、职能划分、人员配置这三者之间的关系模式。例如组织机构如何设置，管理幅度与管理层级如何调整，部门之间是怎样的关系，工作人员如何划分职责和等级，这些都属于运行机制的范畴，它泛指在同一个系统之中各要素之间互相影响及互相作用的方式。总的来说，交通运输管理机制就是交通运输领域内部各个要素之间的运作方式。

五、综合交通运输管理体制与机制

综合交通运输是指一体化高效率地完成人与货物的空间位移，并集成各种运输方式与系统的功能。综合运输的核心内容是一体化运输，主要包括：(1)组织机构的一体化，涵盖不同运输方式的企业兼并、大型运输企业形成、联盟、运输代理及物流业的发展等;(2)运营业务的一体化,涵盖以联运提供完整产品和服务、运输企业由竞争走向协作等;(3)设施的一体化,涵盖不同运输方式线路的连接、综合枢纽、换乘中心等;(4)社会经济可持续发展的一体化,涵盖国土开发、住房、旅游、能源及其他资源、环境保护等。综合交通运输管理体制是相对单一交通运输方式管理体制而言的,是为了构建综合交通运输体系,对铁路运输、公路运输、民航运输、水路运输和管道运输等交通运输方式实施统一的决策、规划、建设及运营的管理体制。它包含对组织内部的机构构成、权责划分、人员配置、运行机制等方面的规定,是一个有机的系统。

根据国内外相关机构和学者的研究成果,综合交通运输管理体制的内容不仅包括对各种不同运输方式管理体制的研究,也包含对城市交通、邮政及物流等行业管理体制的研究,以及它们之间的关系模式。建设湖北省综合交通运输管理体制,必须统一设计各种交通运输方式的组织机构,合理划分每个部门的职能(即对内部规划、政法、财务、标准、统计、对外合作和行业管理等职能的整合设想,也包括具体实施步骤)。

由行政管理体制的概念可知,一个国家的行政管理体制包含了综合交通运输管理体制。它的形成亦取决于交通运输领域管理的目的、管理的内容和应达到的管理效果。综合交通运输管理体制的要素包含四个部分,即管理机构、管理职能、管理人员及运行机制。完善的综合交通运输管理体制应该具备科学设置的管理机构、合理划分的管理职能、恰当配置的管理人员以及顺畅的运行机制。综合交通运输管理体制所对应的运行机制则大体包括:综合交通运输政策制定和实施机制、综合交通运输领域的中央与地方政府权力配置的合理化、交通领域中的公共企业体制与机制等。

第二节　相关理论基础

综合交通运输管理体制改革需要科学理论的支撑,从而使改革的过程和方式有理有据。为此,本文依据各种相关理论自身的特点、研究的侧重点以及理论的适用性,选取了20世纪以来比较常用的经济与管理领域的理论,如政府公共管理理论、新公共管理理论、交通区位理论、交通规划技术经济理论、整体性治理理论、协同政府理论和公共利益理论,作为本文研究的理论基础。通过对这几种理论的详细介绍与剖析,引出它们与综合交通运输管理体制改革的高度相关性,并通过合理利用其理论所表现出的世界观和方法论,指导湖北省综合交通运输管理体制改革。

一、政府公共管理理论

公共管理是以政府为核心的公共部门整合社会的各种力量，广泛运用政治、经济、管理、法律的方法，强化政府治理能力，提升政府绩效和公共服务品质，从而实现公共福利与公共利益。公共管理的主体必须是政府，只有政府才能有效履行公共管理的职能，只有政府才享有公共事务的管理资格，只有政府才能有效地实现对社会公共事务的管理。即便在政府管理的社会化和民主化阶段，社会公共事务管理属于特定类型或特定社会层次，非政府公共组织或民众可替代的公共管理主体已存在，政府仍然是公共事务管理中唯一的"意识主体"。

二、新公共管理理论

新公共管理指的是20世纪80年代以西方国家的政府改革运动为标志，后来遍及全世界公共部门管理的一种模式，其代表人物有欧文·休斯、弗利耶、张成福、党秀云等。新公共管理理论的含义一般是指包括政府部门、公共企业及非政府组织在内的公共部门，为了向公众提供更高质量的公共服务，在部门内部进行的制定政策、监督控制、绩效评价、协调沟通等管理行为。它注重管理的效果及管理者的个人责任。其核心是公共利益。新公共管理理论就是研究公共部门如何更有效地提供公共产品和公共服务，以满足社会公共需求、增进公共利益的学问。它是一门科际整合的学科理论，需要综合吸收当代各门社会科学理论的合理内核，以搭建新公共管理的基本概念、学科范式和分析框架。在诸多学科理论中，经济学理论为新公共管理理论提供了基础知识的分析框架。

从研究的客体来看，新公共管理理论大大突破了传统公共行政管理学的局限，而将政府部门、公共企业、非政府组织等公共部门都纳入了研究的视野，并探讨各部门在处理公共事务之间的关系。随着经济技术的发展和全球化的加剧，社会的公共事务日益复杂，依靠单一的政府行政部门已难以胜任，在各公共部门间进行分工协调已是必然。新公共管理理论从以前的研究管理体制内部的问题，逐渐扩展到研究体制外部的内容，如更加重视战略管理、政府绩效管理以及政府部门的责任机制与外部整合问题，这极大地扩充了新公共管理理论的竞争性。新公共管理理论需要综合吸收多种学科理论的合理内核，充实自身的理论性质。它本质上是一门实践性很强的开放性理论。新公共管理理论是在当代西方公共部门特别是政府部门改革的实践基础上产生的。政府部门的变革和创新等实践，不断丰富着其理论内涵。

由此可见，新公共管理理论对于综合交通运输管理体制改革具有很强的理论指导作用。不论是中央政府还是地方政府的政府体制改革,转变政府职能都是一个非常重要且关键的要求。新公共管理理论正好为交通运输主管部门的职能转变提供了理论支撑和改革思路。其改革的目的,便是为广大人民群众提供更便捷、更高效的交通运输服务,通过一系列合理有效的改革措施,对交通运输行业实行组织机构的调整、组织职能的配置、组织人员的合理安排、运行机制的合理优化以及促进交通运输行业法制化。同时,新公共管理理论强调改革的责任须落实到具体部门具体人员,若改革过程中出现任何违法违纪行为,应当追究当事人的责任。此外,管理者也应当对最终改革的结果负责,保质保量地完成改革任务。

三、交通区位理论

区位理论是研究交通运输系统规划和建设的重要理论依据。区位理论主要研究人类经济活动的空间布局和结构形成,是讨论人类经济活动空间分布规律的理论。区位理论中有对人类经济活动特别是产业形成的空间选择,以及特定空间内经济活动的有机组合的讨论,这些都将交通运输体系作为重要的内容进行了深入研究。该理论认为,交通基础设施对资源、人口、信息、产业的聚集具有推动作用,是城市形成与扩展的推动力,经过科学设计和合理建设的交通节点、线路和交通网络能对经济发展带来非常显著的集聚效应。

在西方经济学领域,冯·杜能、克里斯塔勒、奥古斯特·廖什、阿尔弗雷德·韦伯等人在这方面的研究尤其具有参考意义。冯·杜能通过研究农业区位状况,基于运费支出最少、利润最大化假设,考察城市远近对农业耕作方式的影响,提出了以中心城市为核心的同心圆农业圈发展模型,揭示了交通系统的完善对农业土地利用、农业区位格局形成的重要作用。韦伯则主要关注工业区位理论,经过深入研究,揭示出运费、工资和集聚是影响生产费用的主要因素,对工业区位的形成至关重要。其中运费更是起决定性作用,工资的变化会引起运费调整,产生经济布局第一次“偏离”,导致产业聚集;产业集聚作用又使运费、工资再次出现“偏离”,从而推动市场主体考虑最佳工业区位。廖什等研究后发现,市场区域及其核心—边缘体系的形成受多种因素影响,核心和边缘市场区的等级、顺序会自然形成有规则的、严密的网络结构,而交通运输系统是影响结构形成的重要因子。

交通区位理论表明,对综合交通运输体系建设的思考,应从推动产业聚集和社会经济优化重组的视角展开,不能仅仅考虑交通建设本身,拘泥于交通建设的技术性问题。

四、交通规划技术经济理论

交通规划技术经济理论认为，在考虑综合交通运输体系建设过程中，要从技术、管理和社会三个层面思考。从技术的角度看规划，要求采用科学的程序和方法，对交通基础设施进行科学设计和建设；从管理的角度看规划，主要是考虑交通基础设施与市场主体的选择和决策关系；从社会的角度看规划，主要考虑平衡公众与个人的需求。因而，规划是通过制度、政策和技术等协调，为有限的交通基础设施建设资源找到最大效益的配置方式。西方国家在此基础上，一度出现过邻里单位规划理论、有机疏散理论、卫星城-新城理论等，对我国综合交通运输体系规划都具有非常重要的借鉴意义。

1962 年出版的《芝加哥地区交通研究》对过去的交通基础设施规划理论进行了梳理和总结，从需求与供给平衡、运输网络效率、交通规划和建设组织、交通运输控制与管理方面，阐述了交通运输系统协调和优化的思想。第一，交通运输基础设施总量规模。该理论认为，交通运输供给总量取决于社会对于运输的需求规模，而一定空间内的交通运输需求规模又受区域空间范围内的经济总体规模、经济发展水平、人口规模和人口结构等因素的影响。因此，对交通运输体系总量规模的规划，要努力建构区域内不同经济发展阶段、影响经济发展水平的要素间关系模型，基于模型动态分析区域社会对交通运输的需求，进而制定供给总量规模目标。第二，交通运输体系节点和通道布局。该理论认为，由于区域空间范围内交通运输的节点分布有离散性，而不同节点所处区域的发展水平存在差异。因此节点和通道布局规划，应根据区域发展状况分析节点的重要程度，确定不同的通道建设水平和预留的升级条件，从而实现相关设计经济可行的最优方案。第三，交通运输体系中运输方式和等级结构设计思路。该理论认为综合交通系统包含多种运输方式，且不同运输方式有不同的技术经济特征和比较优势，要结合区域经济社会环境，遵循比较优势原则，合理安排运输方式间的结构。而对于同一种运输方式，交通网络规划应考虑有不同的等级水平，各类等级水平的交通基础设施供给规模也应各不相同。第四，交通运输枢纽和路网衔接。该理论认为交通枢纽是交通运输网络建设的重要环节，是实现不同交通方式协调和有效转换的关键。宏观性综合交通枢纽要尽可能建设在重要的城市，微观性综合交通枢纽则要有利于城市内外交流、便利畅通、城乡衔接。第五，交通基础设施建设时序安排。该理论认为，综合交通规划应对交通运输网络中不同部分职能的重要程度进行全面合理评估，并在此基础上对建设时序进行合理安排，从而实现交通运输体系建设合理、有序、经济的目标。

五、整体性治理理论

20世纪90年代,盛行长达20年之久的新公共管理理论在社会实践中逐渐显现出各种问题,主要包括管理过程的碎片化和公共服务的裂解化等,迫使西方国家和理论界开始了一场新的寻找后工业时代公共管理的改革运动。在这种背景下,整体性的治理方式作为一种新理论、新实践开始逐渐兴起。整体性治理理念最早始于英国,之后各国纷纷开始推行。对于这一新趋向,有着不同的说法,其共通点是通过制度化、经常化和有效地“跨界”合作,以解决复杂而棘手的公共问题,增进公共价值。整体性治理指的是以整体主义哲学、系统科学思维、风险社会与公民文化为理论基础,以满足公民整体需求为主导理念与根本宗旨;以参与、协调、整合、合作、信任与责任为治理策略,注重治理层级、治理功能、治理主体、治理工具手段与技术支撑等内容与过程的多重整合;以信息技术为工具手段,旨在构建一种基于协同、合作与整合的整体性治理框架和政府运行模式。它是一种全新的政府治理模式。英国著名学者佩里·希克斯是这一理论的代表人物。整体性治理的构成要素主要分为如下几个方面:

1. 协调机制

“协调”就是指政府机构间为发展联合性和整体性工作,联合信息系统、机构间对话、共同规划和决策过程,通过多方努力推动有效沟通、共商议题,达成对某一问题的一致看法,为整合创造良好条件。希克斯根据协调问题的起源,将整体性治理中的协调分为联合性协调与整体性协调两个部分。

2. 整合机制

整体性治理中的整体性最为强调的是整合机制。它着眼于政府内部机构和部门之间的功能整合,力图将政府横向的部门结构和纵向的层级结构有机整合起来。因此,寻求新的整合方式是整体性治理的改革方向。整合方式包括治理层级的整合、治理功能的整合和公私部门的整合。这三个方面的整合可通过政策、规章、服务和监督四个层面的治理行为来完成。大部制式的治理模式表现出整合机制在超越部门管理的局部化、碎片化中的优势。整体性治理取消了一些臃肿无用的办事机构,对功能相似的组织机构进行整合,并且重新建立以社区为基础的合作模式,从而构建了一个政府、市场和社会三方全面合作的公共治理结构。

3. 信任机制

建立信任机制是整体性治理所需的一种关键性要素。首先,信任可以构建协同者之间的安全感,使整体性治理顺利进行下去。信任作为一种特殊的社会资本,水平越高,合作的可能性就越大。其次,信任是促使政府部门得到社会信任的基础。在平等的社会体系中,信任是整体性治理实现合作最为明显的体现。再次,信任是整体性治理的前提和基础。整体性治理要面对更多来自不同合作主体之间的利益冲突和认同冲突,而信任是最为基本的保障和支撑力量。从上述分析可知,作为政府治理新趋势的整体性治理,一体化大交通管理体制关系体现在三个方面:首先,整体性治理符合一体化大交通管理体制改革,是建设人民满意政府的价值目标;其次,整体性治理符合一体化大交通管理体制改革通过部门协同优化行政运行机制的范式追求;最后,整体性治理符合一体化大交通管理体制改革建立职能有机统一政府的现实要求。

因此,整体性治理与一体化大交通管理体制之间存在契合性,前者是后者构建和发展的理论支撑,而后者从前者中找到借鉴。两者都是对新公共管理服务裂解化和功能碎片化反思、修正的成果。

六、协同政府理论

协同政府的概念最早出现在英国政府的官方文件中,协同政府理论的核心思想为:保证政府部门在制定决策时要与其他部门进行充分的协调,要极力避免政府决策过程中的利益部门化问题,出台的决策要具有长远性、宏观性、战略性。根据协同政府理论的要求,政府管理体制改革的重点不仅表现在转变政府职能与扩大改革的领域,而且更应当积极协调政府体制内各部门的职能,使之更加科学化、合理化。因此,协同政府理论要求政府行政体制改革的机构设计和实施方案要突出系统性、整体性和前瞻性。其特点包含以下几个方面:

(1)协同政府理论主张政府作为公共管理的主体,应当在社会事务的治理中占据主导性的地位,负担起巨大的公共责任。

(2)该理论同时强调,作为管理体制中的三个主要构成要素——政府部门、事业单位及企业单位都各自拥有自身的优势和不足,不能过于偏重使用其中某一个体制,而是要结合三者的优缺点,取长补短,合理搭配,才能发挥管理体制的最大效能。此外,一定要理清三者之间的职能关系,明确各方应负责的事务,避免权责不清、政事不分、政企不分,实现政府间公共服务的协调联动。

(3)协同政府理论认为,在政府间关系的问题处理上,要通过政府间职能和机构的优化和调整,使得地方政府各部门之间协调合作,确保政府职能的有效发挥。其原则是:坚持适度集权、兼顾公平与效率、合理划分部门之间的职责。

综上所述,协同政府理论对综合交通运输管理体制改革具有积极的指导作用。在涉及具体的综合交通运输管理体制改革措施时,协同政府理论的主张符合此次改革的原则。具体的改革措施包括建立综合交通运输大部门管理体制,科学合理地统筹归并职能相近或功能相似的交通运输主管部门,统一各种运输方式,综合管理,促进政事分开、政企分开等。

七、公共利益理论

公共利益理论是20 世纪 30 年代美国广泛实施的政府监管改革的理论基础,代表人物有杰里米·边沁、潘恩等。公共利益理论认为,政府监管是为了抑制市场的不完全性缺陷,以维护公众的利益,即在存在公共物品、外部性、自然垄断、不完全竞争、不确定性、信息不对称等市场失灵的自然垄断行业中,为了纠正市场失灵的缺陷,保护社会公众利益,由政府对这些自然垄断行业中的微观经济主体行为进行直接干预,从而达到保护社会公众利益的目的。公共利益理论的特点包含以下几点:

(1)公共利益理论的基本观念是法律应当反映“公意”,代表全体人民,或者“最大多数人民的最大利益”。具体到行政立法领域,官员被假设成为为了公共利益、公共秩序和行政效率而行使立法权的利他主义者。

(2)立法也可能“从维护人民意志与利益的神圣权力,变为侵犯人民权益的手段;从表达社会公平与正义的价值标准,变为立法者专横统治的工具”。在这种情况下,立法权“异化”了。但是,人民可以通过选举、舆论监督和司法审查等民主制度纠正这种异化。

(3)作为共同体利益的公共利益,是一个与私人利益相对的范畴。在这语境下,公共利益往往被当成一种价值取向,一个抽象的或虚幻的概念。以公共利益或是以私人利益为本位,并没有告诉人们公共利益或私人利益包括哪些内容,只是阐明了利益的指向性。即使是在这种情况下,公共利益也具有一些基本的属性。一是公共性,是指不同的个人和共同体对公共利益的消费并不相互排斥。因为公共产品具有非排他性和非竞争性,某人对公共产品和公共服务的消费,因其不是私人物品,不是特定的、部分人的利益,因此不影响他人消费以及消费的数量和质量。二是社会共享性,指社会的每个个体对公共产品和公共服务的消费享有同样的权利。三是多形态性,指公共利益有物质、制度和精神文化等多种形态。

(4)公共利益不是个人利益的叠加,也不能简单地理解为个人基于利益关系而产生的共同利益。不管人们之间的利益关系如何,公共利益都是客观的,尤其是那些外生于共同体的公共利益。之所以如此,是因为这些利益客观地影响着共同体整体的生存和发展,尽管它们可能并没有被共同体成员明确地意识到。

(5)公共利益的社会共享性。公共利益作为共同利益,既然影响着共同体所有成员或绝大多数成员,那么就应该具有社会共享性。这可以从两个层面来理解。第一,所谓社会性是指公共利益的相对普遍性或非特定性,即它不是特定的、部分人的利益。第二,所谓共享性既是指“共有性”,也是指“共同受益性”。并且这种受益不一定表现为直接的、明显的“正受益”。公共利益受到侵害事实上也是对公众利益的潜在威胁。

交通运输业属于基础产业,因此在历史上,交通运输业特别是交通运输基础设施领域在绝大多数国家都由政府直接投资或者通过国有化形成法定的垄断性产业。和其他产业不同,交通运输业具有其独特的经济特性,例如交通运输基础设施的公共性。外部负效应等,所以交通运输业被认定是自然垄断产业。鉴于此,综合交通运输管理体制改革的过程应当遵循公共利益理论,交通运输业必须受到政府部门的严格监管。

第三节　国内外研究综述

湖北省当下交通运输规模日渐扩大,交通运输结构日益优化,正是综合交通运输体系构建、成型的关键时期,必须科学研究国外交通运输体系发展的成功经验与失败教训,并根据我国的国情、省情等实际情况,树立正确的发展理念。为了使未来即将建立的综合交通运输体系更有效地支持经济、社会的发展,加快城镇化的脚步,更加体现以人为本和环境友好,树立的发展理念要体现以下认识或思想。

一、国外相关文献综述

古典政治经济学家对交通运输与经济发展已有较多关注。威廉·配第在其著作中用较多篇幅剖析了交通运输,对交通运输在地区的产业、财富和整体经济发展过程中的推动作用给予肯定。威廉·配第还以领土相对较小、人口较少的荷兰为例,分析了极其便利的航海和内河水运对降低商品交易费用、提高商品运输效率和节约运输过程中的劳动资源等发挥的作用,以及通过这种作用如何实现社会总财富的增加和有效分配。李斯特在研究英国制造业的发展时,也认为极其完善的运输网络是推动英国制造业发展的重要原因和基础。他认为交通运输网络是形成生产力的重要能量,工业产品的成本和销售受到交通运输系统效率非常直接且巨大的影响。李斯特对美国发展过程中运河和新兴铁路在促进经济增长方面的作用进行系统的考察,同样认为发达的交通运输网络对推动美国经济繁荣发挥了至关重要的作用。

交通运输与区域经济发展关系。交通运输在区域经济发展过程中的重要作用,很早就被学者们所注意。在20世纪初期,阿尔弗雷德·韦伯等工业区位理论学派思想家,就对企业、区位和城市规模经济与交通运输价格、成本和便利性之间的关联性进行了讨论,认为交通运输对工业活动的定位决策有着非常关键的作用。美国经济学家胡佛,则提出了港口区和交通枢纽转换点的优势产业聚集理论,认为交通线路的空间特征会影响企业的选址,从而促成经济、产业的聚集。法国经济学家佩洛克斯在其提出的“增长极理论”中认为,经济增长在空间上的发展并不均衡,而是在工业生产集聚点首先实现,后来又形成了增长中心理论,认为经济增长首先从城市或城镇产业集聚点开始,而后逐步扩散至整个区域空间。经济地理学家古德等人在20世纪60年代提出交通线与区域发展模型,依托模型研究了交通线路扩展与区域经济开发的空间变化过程,指出随着经济联络各中心重要交通运输干线的建设,会大幅度降低交通运输费用,从而促使产业和人口聚集到交通干线周围。第二次世界大战后世界各国城市化进程,逐渐证实了这些观点,尤其是围绕运输通道形成大都市区、大都会带等。到20世纪90年代,相关研究进一步深化,如美国学者沙利文等对城市交通运输通道与城市规划进行了关联研究,提出了将城市交通运输基础设施建设与道路沿线经济发展规划看作一个整体。英国学者威尔逊等则基于耗散结构理论和突变理论,讨论了区域经济与交通建设的演化过程,认为新的经济、居民和公共活动总是在靠近交通干线的地方先出现。

综合交通运输体系的探讨。20世纪50年代之前,部分西方学者提出了综合交通运输的理念。他们认为相对单一运输方式而言,综合交通运输是整合各种运输方式,结合技术经济特点促进其分工协作、有机结合的交通运输体系。第二次世界大战前后,美国政府就曾经在交通运输发展政策中提出“使一切可能利用的交通工具协调发展”和“对各种运输方式实行公平待遇,承认和保护各种运输方式的内在优势……并使之协调成为一个全国性的运输体系”的设想。20世纪60年代起,“一体化运输”“综合交通运输”的概念已经频繁出现在欧洲和美国政府文件和学术文献中。石井一郎认为日本道路运输业实行价格规制和准入规制,属于非竞争性行业。同时,1990年前依据《公路事业法》及《供求调整条款》,政府严格规定了运输市场运价、准入、退出、基础设施投资等。随着不断修订法律,日本目前基本形成了打破垄断、维护高效竞争管理的秩序。运输行政主管部门主要发挥宏观调换职能,即制定运输规划、优化市场环境等,而在微观上则进行规范和监控市场准入。李学慧在其论文《美国综合交通运输管理体制的研究与启示》中详细介绍了从早期邦联制政府时期到后来联邦制政府时期，美国交通运输行业基础设施建设的发展概况以及现阶段美国综合运输管理体制特点。她强调，美国的交通运输管理体制从总体来说是一种集中统一的管理体制，这与世界上绝大多数国家所采用的交通运输管理体制大同小异。周紫君、张亚和王辉在《法国不断变革的交通运输管理体制及启示》中详细介绍了法国现行的交通运输管理体制，以及各个交通运输主管部门所承担的行政职能。他们指出，法国交通运输政府部门按照三级管控的方式，分为国家一级管控（即成立生态可持续发展能源部，综合管理各种交通运输方式的政策规划）以及省一级政府管控和最基础的市一级管控。刘洋在论文《俄罗斯的交通运输管理体制》中指出，2004 年俄罗斯的交通运输管理体制发生了重大的变革，将从前的交通部、邮电和信息部、运输部撤销，重新组建成联邦交通运输通讯部，负责全国的交通、邮政相关职能，并在组织内部加入测绘与制图署。

西方国家的相关研究对综合交通运输体系的发展和完善发挥了非常重要的作用，也引导政策制定机构和市场主体更重视综合交通运输体系的建设与完善。但是相关研究多基于西方国家相对成熟的市场体制和相对完善的交通基础设施及城市布局，对发展中国家如何通过发展综合交通运输体系促进经济发展的研究相对比较薄弱。

二、国内相关文献综述

我国对于综合交通运输体系和综合交通运输管理体制改革相关研究大约始于 20 世纪 50 年代中期，经过近 70 年的发展，通过对国外已有经验的借鉴和基于本国实际情况的研究，逐步形成了我国各机构和学者们对于综合交通运输管理体制的认识。国内对综合交通运输问题的讨论，主要围绕三个方面的主题展开：交通运输体系的综合性发展问题；现有交通运输体系的综合利用和作用发挥问题；交通运输技术发展战略方向和具体建设方式问题。改革开放后，对综合交通运输体系建设问题的讨论持续深化，讨论重点也从不同交通运输方式间的分流、分工发展到交通运输系统整合、系统规划、全面建设等方面。

北京交通大学荣朝和教授分析了 21 世纪初我国交通运输行业所面临的形势，提出了在现行的交通运输管理体制下存在的许多问题，并指出要解决这些问题所必须采取的措施，例如成立综合的交通运输主管部门（即后来的交通运输部）、综合法规部门要抓紧组织编制全国性的综合交通运输规划体系、尽快建立综合交通运输管理体制等。

罗生、魏学俭等在《建立综合交通运输管理体制研究》一文中，对我国在 20

世纪初存在的交通运输管理体制的种种缺陷进行了深入剖析，认为存在的问题有：国家缺乏综合统一的政策和发展规划来指导各种交通运输方式的基础设施建设工作，致使东西部交通运输发展情况极不均衡，甚至出现很多重复建设的现象，造成资源的极大浪费等，并研究了如何建立综合交通运输管理体制，主要措施包括遵循“统一规范、权责一致、依法治交、依法行政”的原则，管理交通运输行业。

王子明在其论文《建立我国综合交通运输管理体制的对策思考》中，首先指出了我国现阶段交通运输发展存在的缺陷，也就是随着国家经济的发展，交通运输需求也不断增长，然而交通运输的供给还停留在以往比较落后的水平。还指出由于部分地区过度建设导致的环境污染问题，并提出了若干需要进一步解决的事项，比如环境与交通运输的可持续发展，协调各种交通运输方式之间的矛盾，以及交通运输领域可适度超前发展等。最后说明解决交通领域矛盾和问题的关键，在于要及时建立综合交通运输管理体制。

韩兵在其论文《我国综合交通运输管理体制的思考分析》中，详细描述了我国几个经济比较发达的地区的交通运输管理体制改革情况，并通过研究分析，提出了这些省市交通运输管理体制存在的各种问题，并且就这些问题提出了针对性的建议，例如我国应尽快实行统一的综合交通运输管理体系、合理分配各个部门的权力与职责、实行集中统一管理与各种交通运输方式分专业领域管理相结合的管理模式。

王庆云在《交通运输发展理论与实践》一书中指出，综合交通运输体系是市场经济发展到特定阶段后，基于科技创新和制度创新而形成的现代交通运输新型组织形式，是为了满足国民经济和社会发展的需要和市场主体的现实需求，将铁路、公路、水运、民航、管道等多元运输方式进行整体性思考和规划，形成综合性的系统能力的一种交通运输发展思路。综合交通运输体系建设，以市场经济为导向，现代交通运输和信息技术革新为基础，一方面充分发挥各种运输方式的比较优势，另一方面倡导交通运输体系间的运力整合，更好地服务经济发展与社会进步，更有效地满足市场主体客货运输需求，为之提供安全、快捷、方便、舒适、经济的运输服务。

也有学者对综合交通体系作用持不同看法。如王光华等人认为过度强调“综合交通运输体系”，可能会与当前我国把铁路作为全国交通运输网骨干的战略冲突，从而影响铁路系统的健康发展。李宏认为西方国家之所以强调并且能够形成综合交通体系，与其市场经济体制发展较为成熟，交通运输体系建设发展充分有关，在长期的尝试和探索过程中，西方国家交通运输方式之间逐步实现

"无缝"和"连续"对接。但是,中国却更应侧重政府对交通运输资源的有序分配,对不同交通方式的作用范围、分工和投资比重等进行科学合理规划。李罗力认为中国运输系统缺乏综合组织、协调,对现代物流方式适应性差,整个交通运输体系缺乏现代物流理念和管理机制,使整个交通运输过程处于总体上的无序化状态,因而导致物流、运输各环节不同主体间矛盾突出、效率低下、资源分散,致使交通运输成本过高。

荣朝和等人通过研究认为,综合交通运输体系建设规划,要体现在不同环节有效衔接、资源优化配置和不同主体高度协调,应有实质性体制机制支撑。而在目前体制下,不同主体特别是决策主体对运输资源掠夺性抢占的问题,导致综合交通运输体系规划建设很难取得实质性进展,甚至在城市公共交通体系建设中,都无法满足乘客零距离换乘、无缝联接和一体化服务方面的要求,更不用说整个大交通、大物流体系的高效协调。

总的来看,通过对以上国内外综合交通运输管理体制改革的发展历程和研究综述,可以得出如下结论:

(1)国内外从事相关研究的学者普遍认为,在交通运输业新的发展形势下,各个国家和地区逐渐改变了过去各种交通运输方式各自为政的运行模式,建立综合交通运输管理体制是必然趋势。

(2)国外发达国家大部分都已经建立了综合交通运输管理体制,对各种交通运输方式实现统一规划管理,并对交通运输主管部门和企业部门的职责和权限进行了合理的区分,交通运输政府部门与运输市场的关系也基本调整平衡。

(3)我国关于构建综合交通运输体系和综合交通运输管理体制改革的研究文献与著作还相对较少,对大部门体制改革还缺乏深刻的认识。

(4)纵观世界各国的交通运输管理体制改革的过程,实现综合交通运输管理体制是大多数国家所采用的管理体制模式,也是未来湖北省交通运输管理体制改革发展的方向。因此,对湖北省综合交通运输管理体制改革的研究,有利于从中央到地方层面实现大部门体制的改革目标,促进交通运输相近或相关业务部门之间的合理归并和相互协调,提高行政管理的效率。

第三章　湖北省交通管理体制机制现状分析

本章主要包含三个部分。首先分别从交通基本情况、管理体制现状、运行机制现状介绍了湖北省交通运输发展现状，并提出现阶段湖北省交通运输业存在的主要问题；其次介绍了湖北省交通运输管理体制现状以及存在的问题；最后分析了湖北省构建综合交通运输管理体制的必要性。

第一节　湖北省交通基本情况

湖北省位于我国中部，处于整个长江经济带的中心，在经济发展中起着承上启下的作用。“九省通衢”“居中得厚”“承东启西”，具有很强的区位优势。京广、焦柳、京九和汉渝等铁路干线在湖北交汇，8 条国道（G105、G106、G107、G207、G209、G312、G316、G318）及上海—成都（沪蓉）、北京—珠海（京珠）2 条国道主干线穿过省境，使湖北成为国家公路铁路网的重要枢纽结点；同时黄金水道长江和汉江、清江形成纵横交错的航运通道。全省民航系统拥有 1 个管理机构、4 家航空公司（南航湖北公司、武航、武汉直升机通航和荆门通航）及 5 个民用机场（天河、三峡、沙市、恩施和襄阳机场），空中航线共 107 条。湖北省已初步构筑起以综合交通枢纽为中心，以“九纵五横三环”高速公路网、“五纵三横”铁路网、高等级航道为骨架，多种运输方式并存的综合交通运输网络，交通运输供给能力显著增强，便捷、高效、绿色、安全的综合交通运输体系逐步形成，为湖北省经济社会发展提供了有效支撑。

一、“十三五”以来建设情况

“十三五”以来，全省综合交通里程达到 31.7 万公里。固定资产投资实现新跨越，全省公路水路交通固定资产投资达到 5259 亿元、同比增长 22.9%。基础设施规模实现新跨越，公路总里程（29.6 万公里）、农村公路总里程（26.1 万公里）、等级航道总里程（6166 公里）均进入全国前三名。服务民生水平实现新跨越，高速公路收费站 ETC 覆盖率、城市公共交通一卡通地级以上城市覆盖率、常住人口100万以上城市建成区公交站点500米覆盖率均达到100%。发展环境实现新跨越,"春风行动"破解融资难题,"亮剑行动"规范建设运输市场,"16条意见"优化全行业营商环境。交通运输改革实现新跨越,厅属行政事业单位改革方案获得中央批复、人员转隶到位,三个事业发展中心"三定"(定机构、定职能、定编制)方案已送审,高速公路收费养护人员划转移交完成。综合交通运输发展实现新跨越,省政府相继成立全省综合交通运输工作领导小组和全省综合交通安全生产专业委员会,领导小组、专委会的办公室均设在省厅,牵头制定综合交通运输规划,统筹带领综合交通部门取得抗疫胜利等工作扎实推进,综合交通运输"六个一"活动(安全督查、统计、宣传、职工文体活动、人才培训、精神文明)推进了"大交通"融合,综合交通运输一体化发展打开新局面,湖北成为全国第一批交通强国试点省份。

公路建设持续加快。武深高速、枣潜高速等通道相继建成,武汉城市圈环线高速和武汉市四环线高速成功"画圆"。建成青山、石首等9座世界级长江桥梁,长江大桥建设力度和速度创历史之最。国省道提档升级工程、瓶颈路段畅通工程加速实施,普通公路规模等级不断提升,美丽公路经济带建设持续推进。"四好农村路"建设成效显著,创建全国示范县8个、省级示范县26个、示范乡镇100个。全省新增公路4.3万公里、总里程达到29.6万公里,其中新增高速公路1026公里、里程达到7230公里,"九纵五横三环"高速公路骨架网基本形成。普通国省道二级以上公路比例达到85%。

港航建设补短有力。长江干线武汉至安庆6米水深航道整治工程即将完成,宜昌至昌门溪航道整治工程交工验收。汉江武汉至碾盘山段千吨级航道实现贯通,汉江河口至蔡甸段2000吨级航道整治基本完成,雅口、孤山等汉江梯级枢纽加速实施。武汉阳逻集装箱港区三期、黄石棋盘洲港区一期、宜昌白洋港一期工程等建成运营。全省新增三级及以上航道322公里,高等级航道里程达2090公里;港口货物吞吐能力达到4亿吨,集装箱吞吐能力达到500万标箱。

客货枢纽建设取得突破。依托铁路场站、机场、港口,建成一批综合交通枢纽。天河机场交通中心、襄阳东津综合换乘中心、荆门汽车客运南站北站等一批综合客运枢纽建成运营。武汉阳逻港集装箱铁水联运一期、宜昌东站物流中心等货运枢纽项目投入运营。枢纽集疏运体系取得突破性进展,长江主要港口均已实现疏港铁路连接,全省铁水联运骨架网初步成形。综合交通衔接进一步加强,武汉天河机场实现多种交通方式客运一体化。全省客运站场建成36个,货运站场(物流园区)建成24个,有效推动了客运零距离换乘、货运无缝衔接。

交通运输降本增效成效明显。深入推进运输结构调整三年行动,积极引导大宗货物运输"公转铁、公转水",2020 年公路、水路、铁路运输在综合运输中的比重依次是 69.65%、26.63%、3.71%,与 2019 年同期相比分别下降 10.35%、上升 9.05%、上升 1.49%,运输结构持续优化;集装箱铁水联运量增长迅猛,提前完成三年目标。调整货车通行费计费方式,实现了"两个确保"(确保在相同交通流量条件下,不增加货车通行费总体负担;确保每一类收费车型在标准装载状态下的应交通行费额,不大于原计重收费的应交通行费额)。实行高速公路差异化收费,先后九次出台相关政策,降低运输成本。全力支持疫情防控,2020 年 2 月 17 日—5 月 6 日对所有车辆免收车辆通行费;恢复收费后,在原优惠政策基础上进一步提高对二类和三类 ETC 货车通行费优惠比例,分别累计优惠 50%、28%。"十三五"期累计减免高速公路通行费超 300 亿元。

客运服务能力明显增强。国际物流取得突破,先后开通武汉天河国际机场直飞卢森堡、芝加哥等 5 条全货运航线,有效缩短了"武汉造"与世界的时空距离。国际客运发展加快,先后开通了武汉至伦敦、毛里求斯、纽约等国际航线,国际及地区航线达 63 条,国际通航点覆盖五大洲,位居中部地区第一。江海直达持续拓展,武汉至上海洋山港航线实现天天班运营,成为长江中上游地区通江达海的优质航线;武汉至日本关西首条集装箱江海直达航线正式开通,武汉"泸汉台"集装箱近洋航线、武汉至东盟四国航线、武汉至日韩航线等得到巩固。多式联运加快发展,武汉、黄石、宜昌、鄂州等地 5 个多式联运示范项目先后列入国家示范工程,数量位居全国第一位;武汉阳逻港铁水联运示范工程通过验收,黄石等 3 个国家多式联运示范项目基本实现常态化运营;2018 年全国多式联运现场推进会在武汉召开。甩挂运输态势良好,8 个甩挂运输试点项目完成竣工验收,开通试点线路 18 条,试点企业货运车辆降低成本 15% 以上,效率提高约 30%。同时,襄阳、十堰通过全国城市绿色货运配送示范验收,黄石、咸宁列入第二批示范城市;农村三级物流服务体系不断完善,节点覆盖率稳步提升。武汉通过国家"综合运输服务示范城市"验收。城市客运服务方式更加多样,微循环公交、定制公交等多元化个性化的公交模式不断推出。武汉完成国家公交都市创建目标,襄阳、宜昌成功入选第三批创建城市;全面开展省级公交示范城市创建工作。城乡客运一体化有序推进,竹山、远安列入交通运输部首批城乡交通运输一体化示范县,2016 年全国"四好农村路"运输服务工作现场会在竹山召开。

绿色交通发展取得新突破。着力实施"长江大保护"行动,长江干线共取缔各类码头 1211 个,清退港口吞吐能力 1.56 亿吨,腾退岸线长度 150 公里,码头岸滩岸线生态复绿面积超过856万平方米；汉江、清江共取缔各类码头（砂场、砂站）599个。武汉、宜昌水上化学品洗舱站基本建成，全省3796艘100总吨及以上船舶生活污水收集或处理装置已全部完成改造，船舶污染物港口接收设施基本实现全覆盖、全衔接。着力推动节能减排，充分发挥资金补贴政策的引导、激励作用，加快营运黄标车、老旧船舶淘汰更新，大力推广清洁能源应用，纯电动公交车数量大幅增加，“海川2”号等LNG动力船舶投入运营，武汉、宜昌、黄石等地港口岸电积极推广。

智慧交通开启新模式。交通云数据中心投入使用，交通运输数据资源整合取得新进展，智慧交通“四通工程”（行业通、部门通、区域通、社会通）列入省委新基建三年行动方案，电子巡航试点、电子航道图建设加快推进，道路运输四级协同系统上线运行。铁路、民航及二级以上客运站实现联网售票。打造“互联网+”便捷交通，大力推进城市公交卡互联互通，全省公交刷卡率接近50%，襄阳、黄石、荆门、咸宁、随州、潜江等6个城市进入全国一卡通阵营，武汉市入列全国首批“智慧交通”示范城市。

创新发展取得新突破。荆岳长江公路大桥荣获鲁班奖，秭归长江公路大桥荣获国际奖（古斯塔夫斯·林德撒尔奖），宜巴高速获得全球道路环境类成就奖，G209十堰段“畅安舒美”示范公路创建工程获得中国公路养护工程奖。高速公路、普通国省道及客运站“厕所革命”完成目标任务并取得显著成效。船舶标准化、大型化进程明显加快，1140标箱江海联运标准船型成功研制并投入使用，武汉直航日本的汉亚航线500箱级集装箱船顺利交船。铁路公路特大桥隧、新一代空中交通管理系统等一批核心关键技术取得突破性进展，“复杂地形地质条件下山区高速公路建设成套技术”获国家科技进步二等奖，“超大跨混合梁斜拉桥建设关键技术”获中国公路学会科学技术特等奖。成立了全国首个综合交通公共信息联盟和湖北省交通运输云数据平台，铁路12306电子售票、公路长途客运联网售票全面推广，高速公路ETC与全国联网，湖北交通物流信息平台注册企业覆盖全省一半以上的物流企业，建成省高速公路应急指挥中心、水上搜救应急指挥平台等。低碳交通运输城市、基地、企业的试点示范工作加快推进，清洁能源、废旧材料循环利用等“四新”在交通建设运营领域广泛应用，“车船路港”千家企业低碳交通运输专项行动全面推进。综合交通安全形势平稳可控，跨省、跨部门应急联动机制不断完善，可成功应对一系列重大自然灾害和重大突发事件。

综合交通立体走廊建设加速推进。2019年，湖北省完成交通固定资产投资1165.7亿元。全省新增公路里程13990公里，其中新增高速公路里程493公里，建成石首长江大桥等5座长江大桥，建成一二级公路1591公里，减少等外公路1521公里。全省公路总里程28.9万公里，公路密度155.49公里/百平方公里。等级公路占总里程比重达97.37%，比上年提高0.69个百分点。新增三级航道46公里，新增港口吞吐能力2058万吨。5个重要港口砂石集并中心项目建成投入运营。湖北被列入第一批交通强国建设试点。截至2020年底，综合交通网总里程达到31.1万公里（不含民航航线、城市道路），密度达到167.3公里/百平方公里。其中，铁路营业里程5259公里（高速铁路1639公里），公路通车总里程29.0万公里（高速公路7230公里），内河航道通航里程8667公里（高等级航道2090公里），油气管道里程7400公里。2020年，港口吞吐能力4.3亿吨，集装箱吞吐能力502万标箱。民航旅客吞吐量达到1776万人次，货邮吞吐量达到19.68万吨，综合交通运输发展水平跃上新台阶，“祖国立交桥”地位凸显。

二、十四五时期总体布局与主要目标

（一）总体布局

深入贯彻党的十九大和十九届二中、三中、四中、五中、六中全会精神，紧紧围绕交通强国战略和全省“一主引领、两翼驱动、全域协同”区域产业布局，坚持以人民为中心的发展思想，坚持新发展理念和安全发展理念，以推动高质量发展为主题，以交通运输供给侧结构性改革为主线，按照“补短板、优结构、提质效、促转型、强治理”的思路，补齐交通基础设施发展短板，优化交通资源配置，提升运输服务质效，提高可持续发展能力，推进行业治理现代化，加快构建“3239”（三枢纽、两走廊、三区域、九通道）全省综合交通运输布局，加快建设安全、便捷、高效、绿色、经济和引领中部、辐射全国、通达世界的现代化综合交通运输体系，为打造国内大循环重要节点和国内国际双循环战略链接提供基础支撑，全力建设交通强国示范区、打造新时代九省通衢。

三枢纽：打造武汉国际性综合交通枢纽和襄阳、宜昌全国性综合交通枢纽，着力强化湖北在国际和国内的集散服务水平和支撑带动能力。

两走廊：打造长江、汉江综合立体交通运输走廊，支撑和引导优势资源和产业向“两走廊”集聚。

三区域：打造鄂西交通绿色发展示范区、江汉平原交通振兴发展示范区、鄂东交通转型发展示范区，适应三个区域资源条件、经济发展状况的差异化发展需求。

九通道：优化、提升、完善南北方向京九、京广、随岳、襄荆、十宜恩和东西方向福银、沪汉蓉、沪汉渝、杭瑞等“五纵四横”9条综合交通运输大通道，形成与城镇发展轴、重要产业带有机衔接,沟通周边城市群和各大经济区,联通国际的综合运输通道布局。

(二)主要目标

统筹铁、水、公、空、邮、管等交通运输方式融合发展。到2025年,筑牢交通强省基础,多种交通运输方式基本实现高效融合发展,交通运输网络明显优化,运输服务能力明显增强,集约精细智能绿色发展水平不断提升。铁路总里程达到7000公里(其中高速铁路达到3000公里);高速公路超过8000公里,普通国省道二级以上公路比例达到88%;高等级航道里程达到2300公里;民用机场旅客吞吐量达到5000万人次;邮政业务总量达到1100亿元;港口货物吞吐能力达到4.5亿吨(其中集装箱吞吐能力达到600万标箱);油气管道总长度达到9200公里。

(三)重点任务

(1)构建大枢纽,打造客货集散支撑体系。一是加强现代港口集群建设。以建设武汉长江中游航运中心为重点,着力构建以武汉港为龙头,宜昌港、荆州港、黄石港、襄阳港为区域中心的港口集群。二是加快建成民用机场新格局。坚持运输机场和通用机场共同发展、客运和货运双引擎驱动。加快推进天河机场扩容,建成湖北国际物流核心枢纽。三是重点建设综合客货运枢纽。加快建设一批综合客货运枢纽,重点建设孝感西客运换乘中心、黄石棋盘洲多式联运物流园等项目。

(2)畅通大通道,打造九省通衢主骨架体系。一是优化干线铁路布局。着力扩充高铁网、加密普速网,大力推进沿江高铁建设。二是畅通水运主通道。着力深长江、畅汉江,推进长江航道"645"工程,推进汉江2000吨级航道向荆门、襄阳延伸。支持三峡水运新通道建设。三是优化高速公路网。着力建成国高网、优化地高网、扩容拥堵路、建设过江通道,建成银北高速建始至恩施段等项目。实施高速公路扩容提质工程,推进京港澳高速湖北段等路段"四改八"。

(3)完善大路网,打造广覆盖的通行体系。一是推进普通公路提档升级。实施国省干线大路网提质联网工程。重点推进国省干线升级改造,大部分地区国省干线达到二级路以上标准,贯通县际路。实施公路桥梁"三年消危行动",力争用三年时间,完成现有6108座危桥加固改造任务。大幅提高国省干线养护管理水平。二是加快"四好农村路"建设。健全完善农村公路管养体制机制。推动农村公路提档升级和联网联通,提升农村公路畅通水平。三是加快推进支线、专用线等铁路、支流航道网建设。建成当阳至远安等支线铁路,推进松西河航道整治工程。

(4)发展大运输,打造便捷高效的服务体系。一是打造国际运输体系。巩固天河机场中部航空枢纽地位,扩大国际航线覆盖率。充分发挥湖北国际物流核心枢纽的作用。做强中欧(武汉)国际货运班列。壮大江海直达和铁水联运。二是调整运输结构。持续推进大宗货物中长距离运输向铁路、水路转移。大力发展多式联运,聚焦联运枢纽和铁路、公路专用线建设,补齐进港、进园短板。三是提升客运服务质量。优化城际、城乡、城市等多层次的客运服务体系。推进航空、铁路和公路客运协调发展,优先发展公共交通。

(5)建设大平台,打造智慧交通创新体系。启动智慧交通“四通工程”,实现交通运输信息行业通、部门通、区域通、社会通。一是提升公众出行信息服务水平。推进高速公路全国联网收费和不停车收费系统,推广普及电子客票、联网售票,鼓励发展联程联运“一票制”。二是提升交通物流智能组织水平。依托货运枢纽(物流园区)建设,打造线上线下联动的公路港网络,支持多式联运等公共信息平台建设,鼓励发展多式联运“一单制”。三是提升行业治理智慧决策水平。推进智慧公路、智慧水运等建设,实现高速公路视频监控全覆盖。推进“互联网+”政务服务,优化完善交通运输业务应用系统。建设综合交通运输调度和应急指挥系统。

(6)共抓大保护,打造绿色交通发展体系。一是抓好生态修复。推进非法码头整治由拆除向生态修复延伸、由长江干流向支流延伸,坚决杜绝非法码头死灰复燃。二是抓好环境保护。持续深入开展船舶和港口污染防治专项治理,推进港口接收设施全面建成并与城市公共转运处置设施有效衔接。三是抓好绿色发展。统筹利用综合运输通道线位资源和运输枢纽资源,有序开发港口岸线资源。推进车、船使用清洁能源。

(四)开展交通强国试点示范

(1)明确方向。建设好交通强国试点,使全省交通由“大”变“强”。基本方向是:高速公路突出“提质扩容、内外互通”;国省干线公路突出“建养并重、增密联通”;农村公路突出“补短提升、便捷畅通”;水运突出“南北打通、水网贯通”;铁路突出“路网中心、米字成形”;航空突出“客货双驱、多点起飞”;邮政突出“高效安全、普惠民生”;城市交通突出“公交优先、服务优化”;管道突出“完善网络、保障供应”。

(2)把握重点。一是充分发挥水运比较优势,开展现代内河航运建设试点。二是服务乡村振兴战略,开展“四好农村路”建设试点。三是着眼交通设施的智能化改造,开展智能交通试点。四是着眼建立公平开放的市场体系,开展以信用交通为重点的现代市场体系建设试点。五是着眼缓解资金要素制约,开展交通运输投融资改革试点。六是充分发挥湖北综合交通整体优势，建设国家多式联运创新示范区。

(3)开展示范。以"一主两副"为重点，切实推进轨道网、公交网、慢行网"三网"全面融合发展，打造城市公共交通示范区；以绿色发展为根本，突出发展绿色公路、绿色水运、绿色出行、绿色配送，打造鄂西交通绿色发展示范区；以乡村为基础，突出"四好农村路"示范建设，打造江汉平原交通振兴发展示范区；以转型发展为动力，突出综合交通，打造鄂东交通转型发展示范区。

第二节　综合交通管理体制现状

"十三五"时期，湖北省综合交通发展取得了显著成绩，但与"建成支点、走在前列"的总体要求相比，从满足经济社会发展需要和人民群众日益增长的高品质交通需求来看，全省交通发展仍有一定的差距。湖北省委十一届八次全会结合中央关于建设交通强国的战略部署，明确提出了"建设交通强国示范区，打造新时代九省通衢"的全省综合交通运输发展目标。要把湖北打造成为国内大循环的重要节点和国内国际双循环的战略链接，基础在交通，关键在功能，重点在开放。要强化交通"硬联通"，构建公铁水空设施互联、信息互享、标准互通、装备互换、便捷高效的集疏运体系；要加快推进以"4＋2"重大铁路项目、"米字型""十通向"高铁枢纽网为主轴的铁路建设，以"双枢纽、多支线"为重点的航空基础设施建设，以"江海联运、水铁联运、水水直达、沿江捎带"为载体的水运建设，以"高速公路优化扩容、国省干线达标提质、农村道路畅通安全"为目标的公路建设，加速融入全国"123 小时"交通出行圈和全球"123 天"快货物流圈，形成引领中部、辐射全国、通达世界的开放大通道，加快构建"互联互通、一体融合、人享其行、物优其流"的现代综合立体交通运输体系。

当前面临的挑战包括以下几方面。一是国际国内环境带来的挑战。世界正经历百年未有之大变局，不稳定不确定性明显增加，国际环境日趋复杂，国内经济下行压力仍然较大，湖北省经济恢复基础尚不牢固，交通运输市场主体经营依然困难，保交通运输市场稳定的压力不容忽视。二是疫情影响带来的挑战。全球疫情仍在蔓延，国内疫情时有零星散发，保行业稳定、保交通运输畅通、保项目建设的压力仍然很大。三是制约因素带来的挑战。贯彻新发展理念的要求更加具体，节约和高效利用资源的规定更加明确，绿色发展的要求更高标准，使得交通运输建设的制约因素更加刚性化，保交通固定资产投资的压力依然存在。四是创新发展带来的挑战。创新驱动下，信息化技术、新材料、新能源、新装备等与交通运输更加深度融合,将进一步推动传统交通运输转型升级,交通运输新业态、新产业、新模式不断涌现,行业管理服务的要求更高,推动交通运输高质量发展任重道远。

一、横向综合交通管理体制现状

湖北省交通运输管理体制采用的是“条”“块”结合的管理模式。横向来看,综合交通方式分为铁路、公路、水运、航空、邮政和管道运输。铁路、民航、邮政、公路、水运五种运输方式分别由各自主管部(局)管理(图 3-1)。

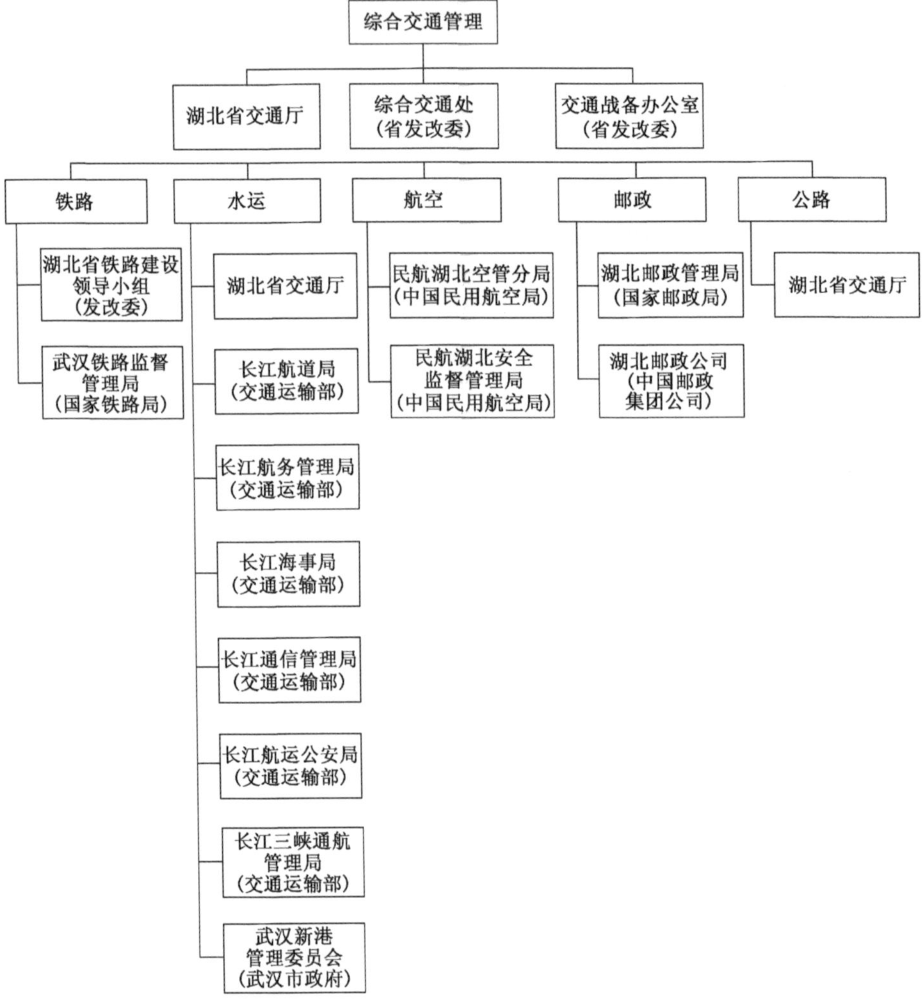

图 3-1　综合交通横向管理结构

（一）铁路运输管理

湖北省涉及铁路管理的机构是武汉铁路监督管理局和省政府铁路建设领导小组。

武汉铁路监督管理局是国家铁路局垂直管理单位，负责中国铁路郑州局集团有限公司、中国铁路武汉局集团有限公司管界内的相关铁路监督管理工作，负有以下七项主要职责：

（1）监督管理铁路运输安全、铁路工程质量安全、铁路运输设备产品质量安全。

（2）监督相关铁路法律法规、规章制度和标准规范执行情况，负责铁路行政执法监察工作，受理相关举报和投诉，组织查处违法违规行为。

（3）依法组织或参与铁路交通事故和铁路建设工程质量安全事故调查处理，负责事故统计、报告、通报、分析等工作。

（4）研究分析铁路安全形势、存在问题，提出改进安全工作的措施要求并监督实施。

（5）监督规范铁路运输和工程建设市场秩序的政策措施实施情况，监督检查铁路行政许可产品和许可企业，监督铁路运输服务质量和铁路企业承担国家规定的公益性运输任务情况，监督工程建设招标投标工作。

（6）负责与地方政府及相关执法部门的工作联系，指导协调地方铁路相关部门工作，建立相关信息通报和监管协调机制。协调组织开展铁路沿线安全综合治理和相关铁路突发事件应急工作。

（7）完成国家铁路局及其领导机关交办事项。

为加快湖北省境内铁路建设，加强对铁路建设工作的领导，湖北省人民政府决定于 2009 年 1 月成立湖北省铁路建设领导小组。湖北省政府铁路建设领导小组的办公室设在发改委，负责拟定全省铁路发展规划，对湖北省合资和地方铁路实行行业管理。

（二）民航运输管理

湖北省涉及民航管理的机构是中国民用航空中南地区空中交通管理局湖北分局（以下简称民航湖北空管分局）和民航湖北安全监督管理局。

民航湖北空管分局是中国民用航空局的垂直管理单位，隶属于中国民用航空中南地区空中交通管理局，承担湖北区域的空中交通管理事务。中国民用航空局是中华人民共和国国务院主管民用航空事业的国家局，归交通运输部管理。民航湖北空管分局主要职责是：贯彻执行国家空管方针政策、法律法规和民航总局的规章、制度、决定、指令;实施本地区空域使用和空管发展建设规划;指挥、协调辖区内的民航飞行活动,提供空中交通管制和通信导航监视、航行情报、航空气象服务;负责辖区内航班时刻和空域容量等资源分配的执行工作;组织实施辖区内民航空管系统建设;监控辖区内民航空管系统运行状况;负责辖区内专机、重要飞行活动和民用航空器搜寻救援空管保障工作。

民航湖北安全监督管理局是中国民用航空局的垂直管理单位,是中国民用航空中南地区管理局的派出机构,具体负责湖北省民航安全监督管理工作等。

(三)邮政管理

湖北省涉及邮政管理的机构是湖北省邮政管理局和湖北省邮政公司。

湖北省邮政管理局是省级邮政监管机构,实行垂直管理体制,由国家邮政局直接领导。主要职责是:贯彻执行国家关于邮政业管理的法律法规、方针政策和邮政服务标准;监督管理所在地区邮政市场;组织协调所在地区邮政普遍服务以及机要通信、义务兵通信、党报党刊发行、盲人读物寄递等特殊服务的实施;办理国家邮政局交办的其他事项。

湖北省邮政公司为中国邮政集团公司的全资子公司,在省邮政管理局的监管下,依法经营邮政专营业务,承担普通服务义务,受政府委托提供邮政特殊服务,对竞争性邮政业务实行商业化运营。

(四)水路运输管理

湖北省涉及水路运输管理的机构是省交通运输厅,交通运输部长江航务管理局及长江航道局、长江海事局、长江通信管理局、长江航运公安局、长江三峡通航管理局和武汉新港管理委员会。省交通运输厅负责地方水运行业管理。长江航务管理局为交通运输部派出机构,对长江干线航运行使政府行业管理职能,受交通部委托或法规授权行使长江干线(云南水富—上海长江口,干线航道里程2838 公里)航运行政主管部门职责。

长江航道局是隶属于交通运输部的大型公益性事业单位,主要从事长江干线航道规划、建设、管理、养护和航道行政执法等工作。

长江海事局是交通运输部 14 个中央直属海事局之一,隶属中华人民共和国海事局,为交通运输部直属行政正厅级单位。代表国家依法履行辖区水上安全监管、船舶防污、人命救助、通信保障和引航管理职责,管辖长江重庆至安徽段全长 2100 公里干线、1000 公里支流(汉河道)水域和 19 个水库(湖泊)。

长江通信管理局为交通部所属的长江干线水上安全通信管理主管部门,主要负责重庆至上海2600余公里长江干线水上安全通信的行政管理和保障工作，具有通信行政管理、公益性通信保障和通信信息服务职能。

长江航运公安局由交通运输部公安局领导，其党政关系由交通部委托长江航务管理局管理。长江港航公安局作为国家治安行政力量和刑事司法力量的重要组成部分，行使跨区域的中央管理水域的公安管理事权。

长江三峡通航管理局是交通运输部所属的正局级行政类事业单位，履行航运综合行政管理和枢纽通航建筑物运行公益服务两大职能，承担安全管理、海事监管、航道维护、调度指挥、锚地管理、通信信息保障和船闸及升船机运行维护等主要职责。

武汉新港管理委员会是省政府的派出机构。管委会既是武汉新港的管理机构，也是“武汉新港规划建设领导小组”的办事机构，由武汉市负责组建和管理，统一负责武汉新港规划建设和日常事务的管理工作。

（五）公路运输管理

湖北省涉及公路行业管理的机构是省交通运输厅。省交通运输厅负责拟订全省公路、水路等行业发展规划、政策和标准并监督实施；负责全省道路市场监管，制定有关政策、准入制度、技术标准和运营规范并监督实施；指导全省城乡客运及有关设施的规划和管理工作；负责全省公路建设和养护市场监管；制定公路、工程建设和养护相关政策、制度和技术标准并监督实施；组织协调公路有关重点工程建设和工程质量、安全生产监督管理工作；拟订全省公路、固定资产投资规模和建设项目，编制年度计划和省财政性资金预算意见，按省政府规定权限审查、审批交通固定资产投资项目；组织协调全省交通规费征收、使用的监督管理工作；指导全省公路运输应急管理工作，指导重点干线公路网的运行监测，负责全省高速公路集中统一管理，承担国防动员和交通战备有关工作；指导全省交通运输信息化建设，指导全省公路行业科技、环保、节能减排工作；负责全省公路国际合作与外事工作，开展与港澳台地区的交流与合作。

（六）高速公路路政管理

湖北省交通运输厅高速公路管理局和湖北省交通运输厅高速公路路政执法总队一门两牌，依照《公路法》《公路安全保护条例》《湖北省高速公路管理条例》等法律法规规定，统一行使高速公路行政管理职责，承担全省高速公路收费、养护、服务区、安全等行业管理和路政执法职能。机构设置包括：局机关内设办公室、费收财务处、路政法规处、综合计划处、建设管理处5个处室，下设湖北省高速公路应急处置服务中心和7个路政支队。

(七)综合协调管理

湖北省涉及综合协调的机构是湖北省发展与改革委员会综合交通处(以下简称交通处)、湖北省发展与改革委员会交通战备办公室(以下简称交战办)和省交通运输厅。

交通处负责提出交通运输发展战略、规划;负责各种运输方式之间的综合平衡及发展中重大问题的协调;衔接项目布局,按规定权限审批、核准、备案有关交通建设项目;衔接平衡全省交通项目的年度投资计划及专项资金计划;参与研究、审核交通战备发展规划和计划。承担省铁路建设领导小组办公室、武汉城市圈城际铁路建设协调领导小组办公室的日常工作。

交战办负责交通运输网络布局规划、中长期发展规划、年度计划、各种交通方式的综合平衡和交通重大项目的前期工作、交竣工验收等。

省交通运输厅下设湖北省综合交通运输工作领导小组。领导小组办公室行使全省综合交通运输的统筹规划、综合协调、行业指导等职能,负责组织全省综合交通运输发展战略、政策、法规和标准的制定和协调,统筹组织编制全省综合交通运输体系规划,指导全省综合交通运输枢纽、城乡客运及有关设施的规划和管理,指导全省多式联运发展。

二、纵向综合交通管理体制现状

从纵向来看,综合交通管理体制下设交通运输厅、行业管理机构、交通建设集团等管理机构。在不同交通方式的管理机构中,存在着体制差异。

(一)湖北省交通厅

湖北省主管交通运输事业的最高机构是湖北省交通运输厅。其主要职责为:

(1)组织拟订地方性交通运输发展战略、产业政策和法规、省政府规章,指导全省交通运输行政执法和行业有关体制改革工作。

(2)负责全省交通运输行业管理,承担协调服务民用航空、铁路、邮政等工作,承担涉及全省综合运输体系的规划协调工作,承担交通运输行业统计工作。

(3)拟订全省公路、水路等行业发展规划、政策和标准并监督实施。参与拟订物流业发展战略和规划,拟订有关政策和标准并监督实施。

(4)负责全省道路、水路运输市场监管,制定有关政策、准入制度、技术标准和运营规范并监督实施。指导全省城乡客运及有关设施的规划和管理工作,负责地方水上交通安全的监督管理。

(5)负责全省公路、水路建设和养护市场监管。制定公路、水路工程建设和养护相关政策、制度和技术标准并监督实施。组织协调公路、水路有关重点工程建设和工程质量、安全生产监督管理工作。

(6)拟订全省公路、水路固定资产投资规模和建设项目,编制年度计划和省财政性资金预算意见,按省政府规定权限审查、审批交通固定资产投资项目。组织协调全省交通规费征收、使用的监督管理工作。

(7)指导全省公路、水路运输应急管理工作,指导重点干线公路网的运行监测,负责全省高速公路集中统一管理,承担国防动员和交通战备有关工作。

(8)指导全省交通运输信息化建设,指导全省公路、水路行业科技、环保、节能减排工作。

(9)负责全省公路、水路国际合作与外事工作,开展与港澳台地区的交流与合作。

(10)为大企业提供"直通车"服务。

(11)划入原省农业厅的渔船检验和监督管理职责。

(12)省公路管理局、省高速公路管理局、省道路运输管理局、省港航管理局承担的除行政执法职责外的行政职责回归省交通运输厅。

(13)增加负责推进省综合交通运输体系建设,统筹协调铁路、公路、水路、民航以及邮政行业发展,建立与综合交通运输体系相适应的制度体制机制,优化省交通运输主要通道和重要枢纽节点布局,促进各种交通运输方式的融合职责。

(14)承办上级交办的其他事项。

下属公路行业管理机构为湖北省交通运输厅公路管理局,主要职责是:

(1)贯彻执行国家和省有关公路工作的法律、法规和方针、政策;参与制定和实施全省公路发展战略。

(2)编制全省公路行业发展长期规划、五年计划、年度养护建设计划,经上级批准后实施;监督检查规划、计划执行情况,协调处理实施过程中的重大问题。

(3)负责全省公路路政管理工作(除高速公路),依法查处各种违法违章行为,保护路产,维护路权;负责指导和监督公路系统法制工作和行政执法。

(4)负责公路建设与养护的行业管理及市场监管;负责国省干线、农村公路的建设程序、建设质量的管理;负责国省道和农村公路的预、工可审查和初步设计批复;组织和参与工程竣工验收工作。

(5)负责公路的科技进步与创新,组织实施公路行业的科技开发、科技攻关;负责公路技术标准的管理和监督。

(6)负责专业公路渡口管理和除高速公路外的公路、桥梁、隧道通行费收费站点的具体设置及管理。

(7)负责公路环境保护;负责公路系统安全监督与劳动保护。

(8)负责全省公路财务管理和公路系统建设、养护资金的组织调度;制定全省公路系统财务会计管理办法,编制部门预算和决算,经上级批准后实施;对公路系统经济活动实施内部审计。

(9)负责局机关和局直单位人事、劳动工资、机构编制管理;会同人事编制部门对全省公路系统机构与人员编制实施统一管理;指导全省公路系统职业教育、职工队伍建设和行政执法队伍建设;指导全省公路系统体制改革。

(10)负责指导全省公路系统精神文明、党风廉政、行业工会建设。

(11)负责局直单位行政监察和审计工作,指导全省公路系统行政监察和审计工作。

(12)指导全省公路行业中介机构工作。

(13)承办上级交办的其他事项。

下属公路运输管理机构为湖北省交通运输厅道路运输管理局、物流发展局及出租车办公室,道路运输管理局主要职责是:

(1)贯彻执行国家和省有关道路运输有关法律、法规和方针、政策;拟定全省道路运输行业发展规划和有关政策、法规、规章,经上级批准后组织实施。

(2)负责全省道路旅客运输(含出租客运、旅游客运、定线客运等)、道路货物运输(含交通物流等)及机动车维修与检测、机动车驾驶员培训、从业人员岗前培训、道路运输服务等行业管理;负责维护道路运输市场正常秩序,协调道路运输与其他运输方式之间、地区之间、企业之间的关系;指导全省城市公共交通优先发展、绿色发展。

(3)负责编制全省公路客货运输站场建设的总体规划、五年计划、年度计划,经上级批准后实施;负责项目建设的业务指导以及建设资金的拨付与管理;直接负责全省枢纽客货运站场的投融资、建设管理,受委托负责全省交通系统公路客货运站场的资产管理。

(4)参与道路运输价格的制定和调整,按照分工负责全省道路运输价格政策的实施与监督管理。

(5)负责道路运输行业统计;组织开展道路运输市场预测和技术经济信息交流,发布行业信息。

(6)拟定、发布并组织实施本省道路运输相关行业技术标准;组织道路运输管理、运输生产的科技开发、技术创新、技术应用和信息化建设,推进行业科技进步。

(7)对违反道路运输法律、法规、规章的单位和个人实施行政处罚和行政强制措施;指导运管系统法制工作和行政执法。

(8)负责道路春运、节假日运输组织和国家、省指令性的防汛、抢险、救灾物资运输和人员疏散等紧急运输任务的组织。

(9)负责局机关和局直单位人事、劳动工资、机构编制管理工作;会同人事编制部门对全省运管机构与人员编制实施统一管理;指导全省道路运输行业系统职业教育、职工队伍建设和行政执法队伍建设;指导全省运管系统体制改革。

(10)负责指导全省运管系统精神文明、党风廉政、行业工会建设;受理道路运输服务质量投诉,治理运管系统公路"三乱",纠正道路运输行业不正之风。

(11)负责局直单位行政监察和审计工作,指导全省运管系统行政监察和审计工作。

(12)指导全省道路运输行业中介机构工作。

(13)完成上级交办的其他事项。

物流发展局主要职责是:

(1)贯彻执行国家有关交通物流发展工作的法律、法规、政策和技术标准。

(2)为有关部门拟订我省交通物流业发展规划及有关政策提供信息及服务。

(3)推进传统运输业向现代物流业转型。

(4)推进重点交通物流基础设施建设和信息化建设。

(5)承办上级交办的有关工作。

出租车办公室主要职责是:

(1)贯彻执行国家和省有关出租汽车客运管理方面的法律、法规、规章和政策规定,并组织和监督实施。

(2)制定全省出租汽车客运行业发展规划并组织实施。

(3)依据相关法规制定全省出租汽车客运管理实施办法、经营与服务标准。

(4)协调出租汽车客运与其他运输方式之间、本行业与相关部门之间的关系。

(5)负责组织对全省出租汽车客运业的经营行为和服务质量进行监督检查,依法处理违法行为和服务投诉,调解服务质量纠纷。

(6)承办厅领导交办的其他工作。

下属水路行业管理机构为湖北省交通运输厅港航管理局和地方海事局,主要职责是:

(1)贯彻执行国家和省有关水路交通的方针、政策、法律、法规和规章,编制全省水路交通行业发展总体规划,拟订全省水路交通管理工作的各项规章制度。

(2)负责全省运力发展的宏观调控、水路运输服务、港埠经营资格审查和许可证发放、客运航线审批、客货运输组织、水运市场建设和信息反馈、运价票证管理、运政监督检查以及对水运企业经营管理的指导等。

(3)负责全省航道及其设施的建设、养护和管理,审批与通航有关的拦河、跨河、临河建筑物的通航标准和技术要求,拟定航道技术等级,开展与通航有关河流的综合开发与治理,发布内河航道通告,保护航道及其设施,制止偷盗、破坏航道设施、侵占和损坏航道的行为。

(4)负责全省港口的建设和管理,参与编制和实施港口规划,拟订港口区域界线方案,负责港区内航道及岸线的维护和使用管理,负责港埠经营的监督管理等。

(5)统筹安排全省港航基础设施项目计划和前期工作计划,组织工程项目的可行性研究和初步设计等技术文件审查,对重点工程质量和进度等进行监督管理,组织工程竣工验收。

(6)负责全省船舶登记、船员培训和考试发证、船舶进出港签证、危险货物监督管理、防止船舶污染水域、船舶安全检查、水上水下工程施工监督、渡口安全管理及船舶交通事故调查处理等水上交通安全管理工作。

(7)负责全省船舶设计图纸的审查、船舶技术档案管理、船舶的建造检验和定期检验、船用产品的检验、船舶修造企业技术条件认可和焊工考试工作等。

(8)负责全省运管费、航养费、港务费、船舶检验费等的征收和管理。

(9)依据法律、法规的规定和交通主管部门的授权,从事水路交通行政执法工作。

(10)负责全省水路交通行业精神文明建设,总结先进经验并组织交流推广。

下属高速公路行业管理机构为湖北省交通运输厅高速公路管理局(与湖北省交通运输厅高速公路路政执法总队一门两牌)。

(二)铁路行业管理机构

湖北省铁路行业管理机构为湖北省政府支持铁路建设领导小组和武汉铁路监督管理局,分属于湖北省发改委和国家铁路局直接管理。

武汉铁路监督管理局负责中国铁路郑州局集团有限公司、中国铁路武汉局集团有限公司管界内的相关铁路监督管理工作。主要职责是:

(1)监督管理铁路运输安全、铁路工程质量安全、铁路运输设备产品质量安全。

(2)监督相关铁路法律法规、规章制度和标准规范执行情况,负责铁路行政执法监察工作,受理相关举报和投诉,组织查处违法违规行为。

(3)依法组织或参与铁路交通事故和铁路建设工程质量安全事故调查处理,负责事故统计、报告、通报、分析等工作。

(4)研究分析铁路安全形势、存在问题,提出改进安全工作的措施要求并监督实施。

(5)监督规范铁路运输和工程建设市场秩序的政策措施实施情况,监督检查铁路行政许可产品和许可企业,监督铁路运输服务质量和铁路企业承担国家规定的公益性运输任务情况,监督工程建设招标投标工作。

(6)负责与地方政府及相关执法部门的工作联系,指导协调地方铁路相关部门工作,建立相关信息通报和监管协调机制。协调组织开展铁路沿线安全综合治理和相关铁路突发事件应急工作。

(7)完成国家铁路局及其领导机关交办事项。

(三)民航行业管理机构

中国民用航空湖北安全监督管理局隶属于中国民用航空。主要职责是:

1. 综合处(应急管理办公室)

负责本局行政、机要、保密、档案、信访、电子政务、财务、人事、法律事务等工作以及党组织建设、纪检、工会等党群工作;承担辖区内民航应急工作和重大事项的组织协调;承担辖区内民航规划、投资、价格监管以及行业统计的相关工作;承担辖区内民航网络和信息安全监管工作。

2. 航空安全办公室

按授权,参与辖区内民航飞行事故、航空地面事故的调查,组织事故征候和不安全事件的调查工作;负责辖区内民用航空安全信息管理工作。

3. 运输处(国防动员办公室)

按授权,负责对辖区内民用航空运输和通用航空市场秩序、民用航空客货运输安全以及危险品航空运输实施监督管理,协调完成重大航空运输、通用航空任务;负责辖区内民用航空国防动员的有关工作。

4. 飞行标准处

按授权,承办辖区内民用航空运营人运行合格审定、飞行训练机构合格审定的有关事宜并实施监督管理;负责辖区内民用航空飞行人员、乘务人员的资格管理;监督管理辖区内的民用航空卫生工作。

5. 航务处

按授权,监督检查辖区内民用航空飞行程序及各类应急程序的执行情况;负责辖区内飞行签派人员的资格管理。

6. 适航维修处

按授权,承办辖区内民用航空器维修单位合格审定的有关事宜并实施监督管理;负责辖区内民用航空器持续适航及维修管理;负责辖区内航空器维修人员资格管理。

7. 机场处

按授权,负责对辖区内民用机场(含军民合用机场民用部分)的安全运行、总体规划、净空保护以及民航专业工程建设项目和航油企业安全运行等实施监督管理。

8. 空中交通管理处

按授权,监督检查辖区内民航空管系统运行和安全状况;组织协调辖区内专机、重要飞行保障和民用航空器搜寻救援工作;监督、检查辖区内航班时刻和空域容量等资源的使用状况;承办辖区内民航无线电管理等事宜。

9. 空防处

按授权,负责对辖区内民航企事业单位执行民用航空安全保卫法律、法规和规章情况实施监督检查;监督检查辖区内民用机场公安、安检、消防工作。

(四)湖北省交通建设集团

湖北省交通建设集团中,规模较大的是湖北省交通投资集团有限公司(以下简称省交投集团)、湖北省联合发展投资集团有限公司(以下简称省联投集团)、湖北省路桥集团有限公司(以下简称湖北路桥)和湖北水总水利水电建设股份有限公司(以下简称湖北水总)。

省交投集团是湖北省人民政府出资组建的国有独资交通投融资企业,成立于2010年10月28日,2015年7月1日更名为集团,注册资本金100亿元,目前总资产超4200亿元,为省属资产规模最大的企业。战略定位为综合交通基础设施投资运营商、产业资本投资经营商(即“两商”),涵盖综合交通基础设施投资建设、现代物流、新城开发、新能源、智能交通、金融业务、交旅融合等产业板块。下属全资、控股、参股公司总计216家,其中二级公司72家、三级公司101家、四级及以下公司43家。建成高速公路2213公里、铁路31公里、1座长江大桥和4个3000吨级长江港口码头泊位,在建5座长江大桥、铁路67公里和湖北国际物流核心枢纽机场。

省联投集团于2008年9月正式成立,诞生于武汉城市圈“两型社会”(资源节约型、环境友好型)综合配套试验区获批的历史时刻,以“政府引导,市场化运作”为经营宗旨,肩负着探索城市化发展新模式的历史使命。作为省属大型国有控股公司,省联投集团由湖北省和武汉城市圈九市国资委为主要出资人,东风汽车集团、葛洲坝集团等7家省内央企为股东。公司注册资本43.3亿元。省联投集团历经10年发展,形成了以产业新城为主责主业,交通基础设施、城市综合开发、实体产业、数据金融四大辅业协同发展的良好格局。交通板块已建设完成湖北省内武咸、武黄等4条城际铁路,打通黄鄂、青郑、硚孝等7条武汉市快速出口高速通道,鄂咸高速建设正在加速推进。

湖北路桥始建于1956年,公司注册资本金20亿元。具有公路工程施工总承包特级、市政公用工程施工总承包一级、桥梁、隧道工程专业承包一级资质及1家建筑施工总承包一级控股公司。现有职工1158人,现代大型施工机械设备2000余台(套),年施工能力达100亿元人民币,市场占有遍布全国15多个省(市、自治区)份。

湖北水总是经湖北省人民政府批准,于2003年12月在原湖北省水利水电建设总公司等3家企业的基础上改制重组设立的。2014年11月,环境保护部直属中央企业——中国环境出版集团有限公司入股湖北水总水利水电建设股份有限公司后,湖北水总成为中央企业(国有资金)控股及员工持股的混合所有制企业,它正在习近平新时代中国特色社会主义思想的指引下,依托中环集团优势平台,以全新的姿态步入快速发展轨道。多年来,湖北水总一直是湖北水利建设的主力军,先后承建了大中型水库、电站、水闸、溢洪道等700余项;河道疏浚吹填工程300余项;以及其他水利及工民建、市政工程、机电工程等400余项,其中有70余项工程获得国家及省部级优质工程奖,树立了良好的品牌形象。

第三节　湖北交通管理体制问题分析

目前,湖北省基本构建起"一厅多局 + 专业企业"的交通运输管理体制构架,普遍采用了条块结合的管理体制模式。总的来看,现行的交通运输管理体制下综合交通运输管理的职能仍然很模糊,在政府与市场关系的处理上"越位"与"缺位"并存,各级地方政府之间事权不清、有待理顺,部门与部门之间职责交叉、政出多门,行政体制与机制已成为制约湖北省综合交通运输发展的突出原因。根据具体实际调研和理论上的对比分析,具体而言,湖北省综合交通运输管理体制存在的主要问题,包括交通运输管理部门与专业管理机构权责模糊、公路管理部门设置过多过细等。党的十八届三中全会、中央经济工作会议和全国发展改革工作会议都明确指出,要把改革创新贯穿于经济社会发展各个领域各个环节。据统计,我国在大部制改革之前,由于交通运输各领域的管理职能分割,直接导致人流和物流成本的大幅增加,全国社会物流总费用与GDP的比率是发达国家的将近一倍,综合交通运输管理体制蕴含着巨大的改革红利。随着改革的逐渐深入,作为全国交通运输改革三个试点地区之一的湖北,应抢抓全面深化改革和参与国家试点的重大机遇,敢闯敢试、大胆探索,下大力解决目前管理体制不顺、机制不畅、职能不全等问题,在构建完善统一的综合交通运输管理体制方面“走在前列”,为国家改革提供示范经验。

一、管理体制存在问题

现行的分部门管理模式导致部门分割、区域分割、职能分割,管理体制正在成为制约交通运输发展的关键因素。

(一)体制不顺,职责交叉

湖北交通主管部门与政府其他行业部门多头行政、权责不清的现象较普遍。

一是不同运输方式及形态分属不同的政府部门管理,综合运输协调也大多由政府综合部门负责,交通要素被普遍分割管理。目前,涉及交通管理职能的中央垂直管理单位有武汉铁路监督管理局、民航湖北安全监督管理局、民航湖北空管分局、湖北省邮政管理局、长江航务管理局、长江海事局等;涉及综合交通运输管理的部门为省交通运输厅和湖北省发展和改革委员会。“垂直管理模式”“块块管理模式”“条块并行管理模式”并存,导致职责交叉重叠,这与国务院要求的“一件事情原则上由一个部门负责”的机构改革原则不相适应。

二是在交通运输规划、投资、建设立项、运营管理等方面,交通主管部门与其他行业主管部门存在许多复杂的职权交叉,彼此权责不清。湖北省交通运输主管部门与专业管理机构之间角色定位不清,决策权和执行权之间缺乏明确定位和制度规范,例如,综合规划处具有统筹编制公路运输发展规划的职责,建设管理处具有拟定公路建设政策的职责,路网管理处具有制定养护公路政策的职责,同时公路局也具有制定公路运输发展规划、实施公路基础设施建设以及养护公路的职责。可以看出交通主管部门与专业管理机构之间的职责发生了重合,角色混同、职责同构的问题十分突出,专业管理机构不仅具有执行权,同时也兼具决策权,如果二者之间对公路行业的问题发生了分歧,这将导致政出多门、政令不一的弊端。不仅如此,道路运输管理局和航运管理局等机构也存在类似问题。按照大部制改革的要求,交通运输主管部门内设机构的部门化模式,应与所属专业管理机构的设置模式有所不同,这也是今后体制改革的方向所在。

(二)铁路和民航管理职能并未完全理顺

铁路及民航运输方式的管理职能并未完全统筹到交通运输厅内部。交通运输厅内各个交通主管部门的政策研究、规划编制、标准制定以及行业管理的对象主要是针对公路、水路、城市客运等方面。目前铁路运输和民用航空运输的发展规划以及建设运营管理的职责,大部分还是由中央垂直管理,湖北省交通运输厅较少涉及对铁路和民航的发展规划,省综合交通运输工作领导小组的职责也仅限于负责全省各种交通运输方式的协调与衔接,统筹协调地方铁路民航机场的建设等。具体来说,铁路建设的重大战略规划、养护和运营,还是由国家铁路总公司和西安铁路局负责;航空发展的规划、建设运营等主要职能均由中国民航局设立在地方的中南管理局承担。这就导致湖北省迄今为止还不能完全实现真正意义上多种运输方式的高度融合与统筹建设,综合交通运输名不副实,极大影响了综合运输体系中各运输方式的统筹发展以及各类设施的协调布局。湖北省政府应当尽快和中央政府协调,进一步把铁路和民航相关职能统筹归并到交通运输厅内部。

(三)政企不分和政事不分现象仍然存在

有些企业仍在行使政府行政管理职能。例如,湖北省高速公路建设集团公司、湖北省交通建设集团公司、湖北省铁路建设集团有限公司都是省国资委出资成立的国有交通运输企业,但在运营管理上都接受湖北省交通运输厅的全面指导。

行政职责转移到事业单位,机关内设机构与事业单位职责交叉重叠、责任不明、关系不顺。事业单位一般分为三类,首先是部门中承担一部分行政职能的事业单位,如公路局、路政执法总队;其次是主要从事生产经营活动的事业单位,如汽车维修处等;最后是指主要从事公共服务的事业单位,如学校等。政事不分主要指的是第一种事业单位承担了原本应该政府部门承担的行政职能。

(四)综合运输规划缺少法律保障

综合交通运输发展规划缺少完整的法律保障。虽然在机构改革的推动下,省交通运输厅已基本具备了编制综合交通运输战略、规划和建设计划的职能,明确其具有研究综合交通运输发展政策和编制综合交通运输法律法规的各项职责,并成立了政策法规处和综合规划处来承担其相应的职能。但就目前来看,国家层面现阶段还是缺乏统一的综合交通运输体系建设的法律法规,仅有单一领域的交通法规(如《公路法》《民用航空法》等),这就使省级政府在编制相关规划时没有中央政府的政策引导,即便有已经完成编制的法律法规,也很难有较高法律效力,导致湖北省在建设综合交通运输管理体制时缺乏法律支撑。加上其他部门进行相关规划、建设时鲜有考虑对交通的影响,导致各种服务功能不足,运输方式协调发展不够，尚未做到结构合理、各扬所长。国外交通发展经验表明，综合交通规划在国家经济社会规划体系中处于较高位置，具有较强法律效应的交通规划，是推动综合交通运输体系快速发展的重要前提。因此，为充分发挥综合交通规划的引领作用，应当落实综合交通规划法律地位，做好与经济社会发展、国土利用等规划的协调衔接工作，营造有利于加快综合交通运输发展的法律环境。

交通运输部在2016年发布了《交通运输部关于完善综合交通运输法规体系的实施意见》，逐步开始建立和完善综合交通运输法规体系。但这必将是一个极为缓慢和艰难的过程，我国综合交通运输事业的立法工作任重而道远。

二、综合交通管理体制存在问题成因分析

湖北交通行政管理体制存的问题成因有着历史和现实复杂的因素，主要分为以下四个方面。

（一）重组部门职能整合难

交通运输行政管理体制改革的首要任务，便是整合分散在多个部门的交通运输行政职能，强化交通运输行政权力。然而，历史上任何一次机构改革或重组，都必然会触及原有部门的既得利益，因为改革的实质就是通过将不同部门职能进行整合，以实现利益的重新分配。从政治与行政学角度分析，政府为了实行社会利益的重新分配，实现社会利益最大化，一般都会对原有体制下少部分利益集团的利益进行分割或打压，迫使其为社会或者社会其他阶层转让出部分利益。总体来说，我国的行政管理体制改革之所以进程缓慢，其最重要原因就在于体制内各种利益关系特别复杂，出现权力部门化、部门利益化、利益集团化的现象，甚至部门利益凌驾于公共利益之上，造成政府运行成本居高不下且行政执行效率低。部门利益化的倾向是现行交通行政管理体制中所存在的众多问题的深层次原因。对于那些有利可图的管理领域，各部门相互竞争，矛盾激化，而那些无实际利益的管理领域，则往往出现互相推诿的现象。部门机构整合并不等同于部门职能整合的成功，职能整合并不等同于简单的部门合并或者部门间简单的分工协作，而是有针对性地选择某些相关部门的相关职能进行有机合并，进而开展权力与机构的重构。在整合的过程中往往会发生利益分配问题、权力归属问题以及文化融合问题等矛盾。就目前我国改革的实施现状来看，整合效果并不明显，一门多牌的现象很普遍，还有很多现实问题需要解决。

综合交通运输行政管理体制改革重点不在整合归并、加减计算，而是“融合”。一方面，湖北交通机构改革时管理资源调整不到位，未能从根本上打破部

门自身利益倾向，交通行业发展的核心行政管理资源如综合规划等仍没有赋予交通主管部门，从源头上就很难保证交通综合运输管理的实施。同时，由于缺少民航、铁路的管理经验，加上民航垂直统一管理、铁路集中统一管理的模式，地方事权空间有限，造成对民航、铁路的掌控显得吃力。另一方面，传统的交通行政管理部门对涉及市场管理的领域并不擅长，特别是新划入的城市运输市场如公交、出租的管理困难重重，应对新业态的能力稍显薄弱。

（二）交通运输组织体系不够合理

交通运输组织体系主要分为两个方面：横向的部门设置和纵向的层级管理。在横向部门设置上，交通运输已经实现公路、水路、铁路、航空、管道等多种运输方式的协调发展，但是，在纵向层级管理方面却存在诸多问题。一直以来，各种运输方式在本领域并未实现政策、标准、规划、投资、建设、运营、管理、服务等职能的“一体化”管理，各职能分散在多个部门，多头管理，权责不一。从总体上看，交通运输部门只掌握了交通运输行政管理中的“执行环节”，而政策、标准、规划、投资等决策制定环节却散落在其他各部门。从某种程度上来说，交通运输部门变成了由发改委、住建、规划、国土等其他同级部门在交通领域拥有决策权的方式，实现了决策与执行的分割，而不是推动现代交通发展为中心，以权责相符为原则的决策、执行相分离。由此造成交通部门不能参与交通领域关键环节的决策。

（三）内部行政管理资源分散

湖北省交通内部缺少真正意义上的法定战略规划，用于指导各种交通方式发展规划的制订，协调各方面的经济生产生活活动。在机构设置上，负责拟定政策和规划的部门在其内部可以按不同交通方式进行分工，但不应按不同交通方式分别设置。在拟定规划过程中，缺乏规划协调机制。不同交通方式之间要经常进行实时沟通协调，而不是在各种交通方式完成各自的规划后，再进行综合交通分析。同时，由于机构升格困难，具有相近行政管理资源的平行机构难以整合，例如同样的水上管理，湖北交通就有航道、港口、海事、运管四个机构实施行政管理职能。

就当前的情况来看，我国交通运输行政管理体制在实施过程中，明确规定出公安、交通等部门在交通基础设施建设工作开展过程中呈现着相应的工作职责，但受机制不健全等因素的影响，协调效率仍然处在较低的状态，主要体现在两个方面。一是交通规划方面的协调性较差，城市的公共建设决策，需要大量的交通规划同时推进，以满足城市居民的出行需求，而不同的交通规划在进行的过程中，忽视彼此之间的信息沟通，将会严重制约交通规划的实际效果，例如同一区域同时进行地铁站和轻轨站的规划，两个职能部门各自为政，很可能造成规划的冲突和不必要的浪费。另一种是交通建设方面的协调性较差，例如交通部门负责的公路与建设部门负责的城市道路和轨道交通，在建设的过程中技术标准存在明显的差异，如果没有做好相互协调，会严重阻碍高效畅通的道路体系的建成，甚至对城市化进程构成影响。

（四）综合交通体制改革没有标准化流程

地方上开展交通运输行政体制改革的过程中并没有形成标准化流程，导致各地在执行过程中进度不一、标准不一，造成地方交通运输行政体制改革不彻底、不充分。对于中央简政放权的具体事项，地方上到底哪些应该管，哪些不该管，还是应该有一个明确的界限；哪些需要对应，哪些不需要对应，哪些应当保留，哪些不应当保留，都应该有系统的指导，便于地方操作。目前正是缺乏这样的顶层设计。所谓地方的自主性，不是完全的放任自流，而应在相应框架内和规制中，在具体事务性工作上有一定的自主性。对于交通运输行政管理部门设置、职能分布，应当有一个具体的指导原则，而这一原则的不完善，导致地方上交通运输行政管理体制改革不平衡、不充分。

第四节　综合交通运行机制问题分析

湖北省积极推进大交通体制改革，全面推进交通强国试点，并取得初步成果。成立了省交通投资集团、省铁路建设投资集团、武汉港航发展集团，完成湖北机场集团回购，鄂东南五市港航资源整合、邮政管理体制改革等取得明显成效。积极推进交通行政审批改革，打造省级交通最少权力清单。交通规划和法治建设科学规范，省人大常委会颁布了《湖北省水路交通条例》《湖北省邮政条例》等法规，省政府印发了《湖北省省道网规划纲要（2011—2030 年）》等规划，出台了《省人民政府关于加快全省民航业发展的意见》等支持性政策。全省交通运输系统坚持从严治党，务实开展“反四风”活动，“三严三实”专题教育工作经验在全省推广。深化文明创建，在全国率先构建铁、水、公、空、邮大交通文明创建工作机制，打造综合交通运输行业“十行百佳”群英谱，培树了张兵等一批全国先进典型，培育了“铺路石精神”“航标灯精神”等一批交通文化品牌。综合交通是区域发展的生命线，对经济社会发展不仅具有服务和支撑功能，更有着先导和引领作用。“十三五”以来，在省委、省政府的正确领导下，湖北公路、水路、铁路、民航等交通运输方式发展迅猛，综合交通运输能力不断提高，为湖北经济社会的发展提供了坚实保障。

一、存在的问题

(一)机制不全,协调不畅

由于各种运输方式分部门管理,各管理部门之间缺乏有效的沟通、协调与合作机制,不利于按照综合交通运输体系发展的要求整合交通资源、统一交通规划以及统筹运输市场的形成。如公路、铁路、港口、机场各自规划布局,导致枢纽站场使用功能片面化,不利于综合交通枢纽的发展;省内港口铁路支线发展不足,大型机场轨道交通建设滞后,交通枢纽集疏运体系不完善,导致综合交通的整体效益不能充分发挥。

(二)职能缺位,管理不力

在职能交叉的同时,还存在部分职能缺位的现象。如在民航方面,管理部门由民航湖北安全监督管理局、民航湖北空管分局等中央直属单位组成,但湖北机场规划、建设尚未明确相关管理部门,目前仍由湖北机场集团公司进行运营管理。另外,综合运输体系管理还缺乏统一的法规、标准以及完善的市场监督管理体系,不利于政府职能的有效发挥。

(三)规划建设统筹不够,协调不畅

湖北综合交通运输体系规划多为各种运输方式规划自下而上的"汇总"和"叠加"而成,自上而下的指导性和约束性不强,往往偏重基础设施建设,加之各种运输方式受传统管理体制影响,规划布局和建设实施相对独立、缺乏科学统筹,综合交通运输发展规划对科学确定规模、优化结构布局等方面的约束力不够、指导性不强,连续性、稳定性不足,缺乏权威性和约束力,存在"综合不起来、落实不下去"的现象。对综合交通运输大通道内的主导型运输方式、设施规模研究论证不够,各类运输方式平行规划,通道内线位布局和建设时序缺乏有机统筹,各种运输方式存在抢占线位资源的倾向,导致综合利用土地、岸线等资源的水平不高,资源浪费现象比较普遍。比如,重要运输通道内多条高等级公路、高速铁路和普通铁路并行存在,而这些线路往往采取平行走向,线路之间的土地资源缺乏高效利用;跨江跨海桥多数采取单一公路桥或铁路桥的模式,长江主航道上 107 座过江大桥中,公铁两用桥梁仅有 16 座。同时,通道布局考虑拉动经济增长、带动就业、促进产业开放等正面效益较多,而对资源环境承载能力、债务风险等负面效应往往考虑不足,有的甚至片面追求通道大规模、大通行能力,对可持续性关注不够。因此,迫切需要在综合交通运输行政管理运行机制中,注重加强各种运输方式间的规划统筹衔接，从而有效推动解决通道资源浪费、土地综合利用率不高等突出问题，使综合交通运输体系更好地适应把握引领经济发展新常态、贯彻落实新发展理念、符合推进供给侧结构性改革的发展需要。

（四）政策标准缺乏有机统筹协调

从发展政策、标准规范层面来看，在相当长期的历史阶段中，各种运输方式大多自成体系，缺乏深度融合，往往导致客运“零距离”换乘、货运“无缝化”衔接难以实现，运输服务“最后一公里”问题突出，制约了综合交通运输整体服务效率和服务品质的提升。以客运为例，“一票制”发展较为滞后，人民群众出行普遍存在多次购票、多次安检、多次验票的现象，重要枢纽节点集疏运体系不完善，换乘距离长，出行舒适度和体验较差。

同时，各种运输方式衔接不畅也是制约降低物流成本的重要原因。我国物流成本水平与宏观经济运行质量和效率密切相关。2017 年，我国社会物流总费用占 GDP 的比率为 14.6%，比 2012 年和 2016 年分别下降 3.4 个和 0.3 个百分点。目前，美国、德国、加拿大、日本等发达国家这一比率通常在 8% ~9% 之间，印度为 13%，巴西为 11.6%（印度第三产业占比约 60%、巴西约 70%）。考虑到我国正步入工业化后期阶段，经济结构与发达国家 20 世纪 60—80 年代发展阶段相似，宏观物流成本水平高是这一时期的基本特征（20 世纪 60—80 年代，美国社会物流总费用与 GDP 的比率在 15% 左右，日本为 16% 左右）。同时也要看到，运输结构不合理、多式联运发展滞后、运输组织化水平不高、设施衔接不畅、信息互联滞后等是制约物流成本下降的重要因素。以公路货运为例，一笔交易通常需要“倒手”3 ~5 次，信息获取费通常占到运费的 10% 左右。政策环境有待进一步优化。物流企业服务水平不高，大部分企业仍以提供传统的运输、仓储、装卸等服务为主，一体化、综合性物流服务缺乏，难以适应我国日益增长的多样化、个性化的物流需求。综合来看，制约物流成本降低的原因，既有经济结构不合理、生产力布局不均衡等因素，也有综合交通运输政策标准衔接不完善、多式联运发展滞后、运输结构不合理等因素，需要从政策标准统筹协调上予以破解。

（五）监督机制不健全

交通系统内部的监管机制不完善。主要表现在交通管理部门既是政策的执行者，又是政策执行效果的监督者，无法保证其自身的执法公正。监督不透明，行政管理的公平性便无法保证。

此外，缺乏对综合交通管理部门服务质量的监管机制。目前，我国还没有建立起对综合交通管理部门服务质量的考核机制和评价标准，政府对综合交通管理部门的监管不力，公众参与的程度也很低，服务质量难以保证。

二、问题成因分析

综合交通运输体系运行管理方面不健全、不完善，主要是因为决策程序不够科学高效，服务理念有待进一步提升，贯彻新发展理念、体现高质量发展的指标体系、绩效考核还不完善。

（一）决策程序不够科学高效

决策效率低下的根源在于决策程序的不合理，没有形成“一个部门管交通”的顶层设计体系。当然，国土开发利用不仅涉及交通，也涉及农田、水利、城市建设等多方面，交通运输事业的发展也必须服从环境和生态保护的要求。在当前政府治理的总体框架下，决策过程中征求有关部门意见建议是有必要的，但关键在于“谁主导”，目前的情况就是交通运输行政管理部门没有制定规划的最终主导权。

这种情况和我国目前的管理导向有关，决策主导权不是取决于职能，而是取决于资金。如上文所述，最终决定权在国家发改委手中，因为凡是涉及有国家投资的重要交通项目，都要由国家发改委牵头研究。同理，各级交通运输部门都受到同级发改部门的决策主导。主导权的旁落，造成了工作协调中的尴尬角色。要提升决策效率，就必须改变目前的决策程序和资金主导的决策思路，突出交通运输行政管理部门在决策流程中的充分主导地位。

（二）服务理念亟须进一步提升

交通运输联系千家万户、服务亿万群众，与人民群众生产生活息息相关，服务是交通运输的本质属性。人民群众的切身感受，是衡量综合交通运输体系发展成效的标尺。长期以来，由于发展基础和发展阶段等历史原因，综合交通运输体系建设在发展理念上，往往偏重于扩大总量规模和提高供给能力，更多考虑解决“走得了、运得出”的基本出行问题，而对安全便捷、公平正义、可持续发展、人性化服务等方面关注不足；在发展手段上，往往主要依靠资金和资源等要素投入来实现总量规模扩张，而对于发挥科技创新和管理创新的支撑作用明显不足。

新时代综合交通运输供给不足的状况发生了根本转变，进入了由量的增长向质的提升的关键时期，具备了转型升级的条件和基础，特别是产业迈上价值链中高端，消费结构持续升级，出行模式和流通方式发生深刻变革，人民群众对综合交通运输需求呈现出高品质、多层次、多样化的特点。人民群众不仅仅满足于通路通车通航等“硬需求”,更重视获得感、幸福感等“软需求”,希望获得更加安全、便捷、高效、绿色、经济的综合运输服务。客运需求向人性化、个性化、高端化需求升级,出行便捷性、温馨感、舒适度大幅提高;货运需求向经济性、时效性、高效性、便利化需求升级。

从践行以人民为中心的发展思想的高度审视,综合交通运输体系运行管理理念上还存在短板。在运行管理上,往往更多关注建设投资、偏重行政手段,把人民满意作为评价综合交通运输发展成效的根本标准,贯穿于综合交通运输体系建设、管理、运营全过程方面不足;由偏重解决各种交通运输方式供给能力向促进改革发展成果更多更公平地惠及全体人民群众转变方面不足;综合交通运输规划布局、发展政策制定更多关注人民群众日益增长的美好生活需要对交通运输服务质量、品质的新要求方面不足;更多地从使用者的角度和适应经济发展新常态的视角进行规划、设计、施工和监管方面存在差距。这就需要坚持以人民为中心的发展思想,以安全、便捷、高效、绿色、经济为价值取向,深化综合交通运输管理体制改革,完善综合交通运输行政管理运行机制,打破区域和行业分割,促进各种运输方式在更高层次、更广领域实现深度融合发展;既全面保障广大城乡居民基本出行权,又不断满足多元化、高端化、全程化服务需求,让人民群众享受“出行即出游”的美好交通体验,不断提升综合交通运输高质量服务水平。

(三)综合交通运输治理体系不健全

与贯彻新发展理念要求相比,综合交通运输治理体系还需进一步完善。在治理理念上,受多种因素影响,存在重规模轻效率的倾向,服务人民、服务大局、服务基层的意识和本领不够强,一定程度上导致了综合交通运输基础设施布局不尽合理、结构不优、衔接不畅,土地、岸线、空域等资源利用效率不高的问题;在治理机制上,铁路市场化、交通投融资等方面改革仍需继续深化,政府与市场在综合交通运输资源配置中界定不尽合理,决策、执行、监督职能的制约协调机制还不够完善;在治理方式上,还不善于运用法治思维和法治方式解决问题,行业市场化、整体化治理手段仍显不足,综合交通运输管理方式与新技术新业态新模式发展要求还未相适应。这就要求积极适应把握引领经济发展新常态,加快完善综合交通运输治理体系。

(四)政府职能转变有待深化

依法全面履行政府职能不够。政府职能转变仍然不到位,部门职能交叉问题仍未根本解决,“放、管、服”改革有待继续深化,体现新发展理念的综合交通运输管理体制机制尚需进一步完善。现代科学技术特别是信息技术的迅猛发展，对经济社会结构和生产生活方式带来了深刻变革，同时催生了综合交通运输新技术、新产业、新业态、新模式。但传统产业转型升级相对滞后，产业政策引导转型升级还不到位，对新业态的事中事后监管还没有及时跟上。

综合交通基础设施和运输服务的区域差距、城乡差距明显，各种运输方式的市场化程度、发展水平存在差异，重审批轻监管弱服务的倾向不同程度地存在，依法行政、监管服务能力仍显不足。跨部门信息资源共享机制还不完善，交通运输与公安、发改、工商、质检等部门的信息共享交换方式尚不明确。

推进现代综合交通运输体系发展，需要最大限度调动一切积极因素，形成权责一致高效、部门协调同力的氛围，才能真正实现。但在改革推进和实施中，有关部门认识还不到位，行动还不够主动，尚未形成整体合力。

第四章　国内外"大交通"管理经验借鉴

第一节　发达国家和地区城市交通运输一体化管理

一、伦敦大都市区交通管理体制

英国在近年的政府行政改革中，普遍实行"大部制"的机构模式，将业务相近或相关性较强的部门尽可能进行合并，以利于部门之间的共同协调和政府资源的有效利用。环境、运输与地区发展部就是在以前的环境保护、交通运输管理以及地方事务等三个部的基础上合并组成的。英国的"大部制"主要实行"决策与执行"相分离的行政管理体制，在各部之外设立若干"执行局"，专门履行行政执行职能，负责向社会提供高质量的服务。目前，环境、运输与地区发展部内部只保留一些核心部门，负责有关道路交通的政策制定、政策执行监督以及财政资助等事务，有关交通运输方面的具体事务大都通过下面的"执行局"和非政府部门的"公共团体"来完成。在道路交通管理方面，运输部门和警察部门职责分工明确，彼此相互配合。

2000 年，为了适应城市交通发展的需要，根据 1999 年大伦敦权限法（Great London Authority Act），大伦敦政府在其辖下成立了伦敦交通局（机构设置见图 4-1），伦敦交通局主要对伦敦地铁、城际铁路以及伦敦交通博物馆等交通运输设施和场所进行日常管理，其管辖范围涉及 580 平方公里的主要道路网络、伦敦全部 6000 座交通信号灯，并对伦敦市出租车以及汽车租赁服务实施管制。

伦敦交通局是负责伦敦地区交通事务的唯一主体，致力于为伦敦市民提供经济、安全、平等和具有包容性的交通出行服务，实行委员会领导体制。其成员主要来源于交通领域的专业人士，由伦敦市长直接任命。委员和主要官员负责交通局的日常运行，并管理 31000 名雇员的日常工作。伦敦交通局主要是执行伦敦市长的交通战略和管理伦敦市长需要最终承担责任的所有交通服务设施，包括伦敦公共汽车、伦敦地铁、城市轻轨、市内运河服务、维多利亚火车站等。不仅如此，伦敦交通局还负责规划伦敦的交通设施，提供交通设施，为伦敦市民和货物的出行与运输提供方便。为了改善公共交通工具上的治安情况，伦敦市交通局还与大都市警察局在2002年建立了更安全的交通运输指挥单位，主要处理和预防伦敦公共汽车上的犯罪行为，处理非法载客出租车等事务。为了让市民具有强烈的安全感，提供安全的乘车环境，伦敦交通局还和英国交通警察部门、伦敦市警察局以及大都市警察局合作打击违法犯罪行为，让市民出行更有安全感。因此，伦敦交通局特地资助2500多名警员在港口、巴士、轻轨以及地铁等交通工具上巡逻，成立了以社区为基础的交通警察团队。作为主要受政府财政支持的部门，伦敦交通局需要严格遵守大伦敦权限法的相关规定，恪守自己的职责范围，主要履行交通规划和政策制定的基本职能。

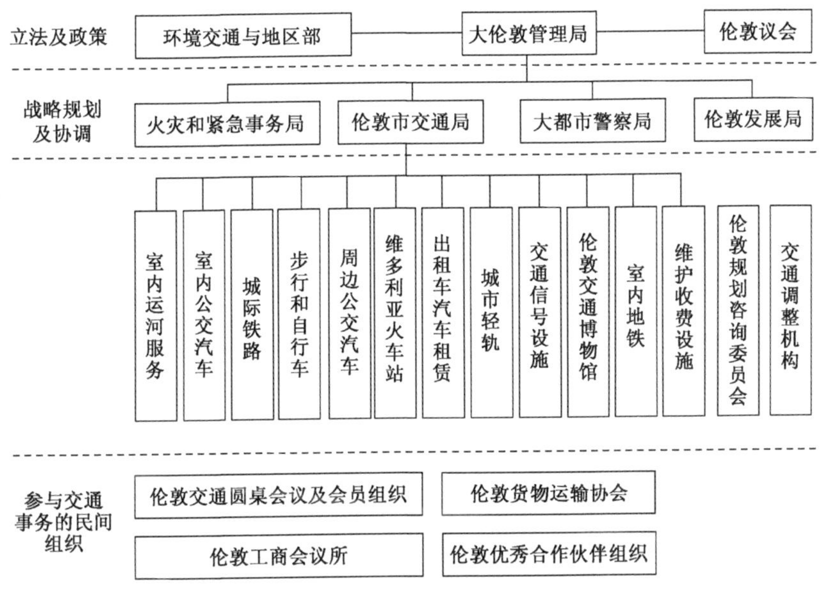

图4-1　伦敦市交通管理组织结构

依据2006年通过的公司法，伦敦交通局还拥有三个附属机构，即伦敦古尔西交通保险有限公司、伦敦交通局信托有限公司以及交通贸易有限公司。与此同时，交通贸易有限公司也拥有大量的附属机构，包括城市轻轨有限公司、伦敦公共汽车有限公司、伦敦公共汽车服务有限公司等。伦敦交通局所拥有的这些附属机构主要是作为功能执行部门而存在的，需要具体执行交通局制定的各项政策。就职能分工而言，这些附属机构负责管理不同的运输工具。其中，伦敦地铁负责营运伦敦的地下铁路系统，此外也负责管理与监督民间机构提供的维护服务；伦敦铁路主要是与提供伦敦地区国家铁路网服务的营运商协调合作，服务伦敦市区外围的通勤铁路系统等业务；公路运输管理则涉及伦敦公共汽车、伦敦出租车、维多利亚巴士总站等的运输工具和道路管理。此外,伦敦交通局还拥有并经营伦敦运输博物馆。该馆保存并展示了伦敦许多与运输相关的文物。就权责配置而言,伦敦市交通管理机构可以分为四个层级:

(1)立法与政策层,包括环境交通与区域部、大伦敦管理局和伦敦议会等机构。它们主要行使交通立法与政策制定的权力。

(2)战略规划与协调层,主要包括伦敦火灾和紧急事务局、伦敦市交通局、大都市警察局和伦敦发展局等。它们主要围绕交通规划、交通安全保障、紧急交通事故处理等事项进行战略规划与协调。

(3)功能执行部门。通过一体化治理,伦敦交通局实现了职能的横向整合,对城际铁路、市内公交巴士、出租汽车、轻轨、交通信号设施、拥堵收费设施、市内运河服务等交通工具和机构实现了统一管理,尽可能地避免了交叉管理导致的政出多门的现象。不过,伦敦交通管理的纵向整合并没有彻底完成,伦敦规划咨询委员会和交通调整机构挂靠于伦敦发展局。在涉及交通规划和调整等事务时,伦敦交通局需要与伦敦发展局进行跨部门磋商和协调。

(4)参与交通事务的民间组织,包括伦敦交通圆桌会议及会员组织、伦敦货物运输协会、伦敦工商会议所、伦敦优秀合作伙伴组织等。伦敦交通立法和规划并没有排除民间团体的参与,它们可以通过各种形式向立法部门和政策制定部门提交建议和报告,并向交通管理部门施加相应的压力,以使城市交通变得更加畅通、方便、安全和经济。

在一体化的交通管理过程中,伦敦交通局形成了较有特点的治理结构和委员会领导体制,提出了交通运输治理的五项基本原则和五个治理维度。伦敦市长担任伦敦交通委员会主席,并任命精通交通事务的专业人士出任董事会成员。为了指导、管理和监督伦敦交通局的管理事务,伦敦交通局形成了交通运输治理的基本原则,即开放、包容、正直、责任以及有效。除此以外,还提出了相互联系的治理维度,即公共焦点、结构和过程、风险管理和内部控制、服务提供安排以及行为标准。

二、纽约市交通管理体制

1950 年,纽约市将城市道路交通管理职责从警察部门分离出来,设立纽约市交通局,使其城市道路交通管理进入专业化时代。1977 年,为理顺城市发展定型后交通运输与土地利用、交通规划与工程建设、交通运营与设施管理之间的关系,统筹轨道交通、常规公共交通、私人交通以及水路运输等各种其他运输方式,抑制交通需求无序、无限膨胀,合理分配城市资源,合理平衡交通供给与交通需求，纽约市在交通局的基础之上，实现了交通管理职能的横向整合，设立纽约市运输局，全权负责全市交通管理。按照《纽约市宪章》的规定，纽约市运输局的部门领导为运输局局长，经过市长提名后由纽约市议会任命。因而，运输局局长主要对纽约市市长和市议会负责。局长可以委任三名副局长，其中主管公路运行的副局长应是受过良好法律教育的和有执照的专业工程师。机构设置见图 4-2。

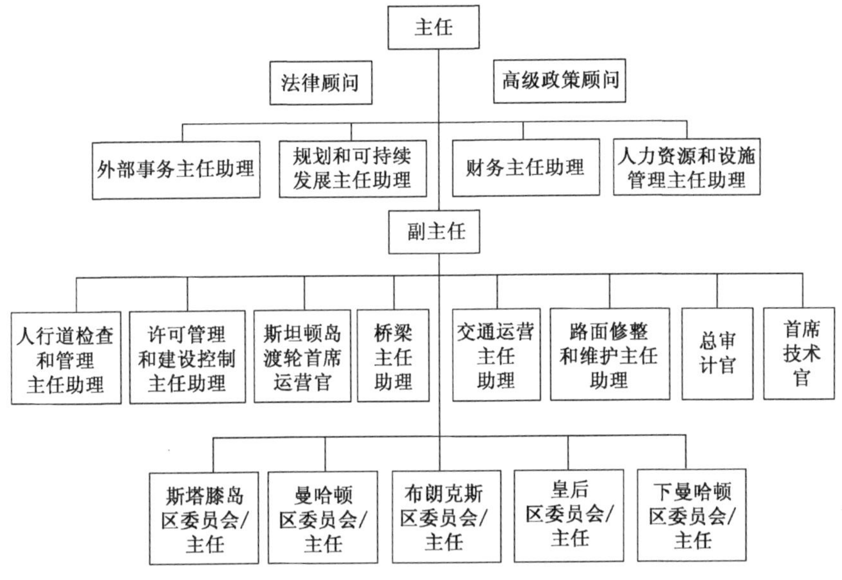

图 4-2　纽约市运输局组织结构

在对纽约市交通的管理过程中，纽约市运输局将城市交通管理融入整个城市管理体系之中，体现出“交通使城市变得更美好”的基本理念，综合考虑城市交通对城市经济发展、市民就业和城市环境等产生的影响。纽约市运输局的职能实现了从交通规划、政策制定、建设投资和交通管理等职能的纵向整合，既要考虑公共道路、街道、公路、桥梁和隧道的规划、建设和维护修理等基本交通管理，又从细微处着手，考虑纽约市残疾人士的交通出行和市民对违规交通行为的举报问题。不仅如此，按照《纽约市宪章》的规定，对使用各类街道、道路、林荫道、公园、公共场所、公共建筑并在其以内、以上、建设穿过、跨越和地下的煤气、电力、气动力和蒸汽各种用途的输送管道进行管理的权限也属于纽约市运输局。

尽管通过横向整合和纵向一体化，纽约市运输局将绝大部分交通管理职能都整合起来，但是这并不意味着运输局在交通管理领域完全实现了一体化管理。事实上，在涉及交通管理事务方面，纽约市运输局至少还在三个方面还需要与其他部门进行跨部门合作。其一是与纽约市其他部门合作，共同实现交通管理的良性治理。例如，针对违规车辆的罚金、罚款以及其他费用的缴纳问题，运输局就需要与市财政局、警察局等政府部门合作，解决使用信用卡支付相关罚金、罚款或其他费用。而在街道管理过程中，纽约市运输局也需要与市建筑局、公园和重建局等政府部门明确各自的管理职责，同时也需要建立固定的协商机制。其二是与民间团体和其他公私机构合作。在相关交通管理规划和政策制定过程中，纽约市运输局并不能忽视民间团体和其他公私机构的呼声与建议，需要与这些机构建立定期磋商的机制，重视这些机构提交的与交通管理有关的建议和报告。其三还需要与纽约州大都会运输署建立合作关系。在涉及相关的跨区域交通治理以及纽约市公共交通等问题时，纽约市运输局还需要向大都会运输署寻求帮助。

纽约大都会运输署设立于 1968 年，其前身是在 1965 年成立的纽约大都会公共交通运输署，是纽约州所属的公共服务公司，统一管理和补助纽约大都会区的公共交通道路，其管辖范围包括纽约市的五个行政区，以及杜切斯、纳索、普特南、洛克兰和韦斯切斯特等郡，致力于为纽约提供最好的交通运输服务。

三、新加坡交通管理体制

新加坡实行一体化的交通管理体制。新加坡交通部主管全国的陆路交通、航空运输和海港运输，由陆路交通管理局、民航管理局、海事及港务管理局和公共交通理事会 4 个下属机构组成。

新加坡的陆路交通管理经历了从分散到集中的发展历程。1995 年以前，新加坡陆路交通系统建设和管理分属地铁集团、公共工程局、车辆注册局和陆路交通署等多个部门。随着城市的快速发展，多头建设、多头管理和各部门目标相互冲突、效率低下的问题对交通发展的制约日益显现。1995 年以后，为了解决上述问题，适应交通发展的需要，新加坡对政府职能进行了大范围的改革与重组，成立了唯一一个陆路管理机构——新加坡陆路交通管理局，对陆路交通实行统一管理。机构设置见图 4-3。

陆路交通局的使命是建立一个更加以公众为中心的陆路交通系统，以满足新加坡这座全球化城市中的不同需求。陆路交通管理局将其目标确定为：提供一体化、有效、经济以及可持续性的陆路交通网络，以满足国民需求；计划、建立和管理新加坡陆路交通体制，以支持环境质量保护；为鼓励乘客使用最适应的交通出行模式而制定和执行各种政策。为了实现使命和目标，陆路交通管理局主要从以下几个方面着手开展工作。

(1)使公共交通成为可选择的出行模式。

(2)优化道路网络,提高其使用率。

(3)完善服务质量。

(4)创造工作的价值和内在自豪感。

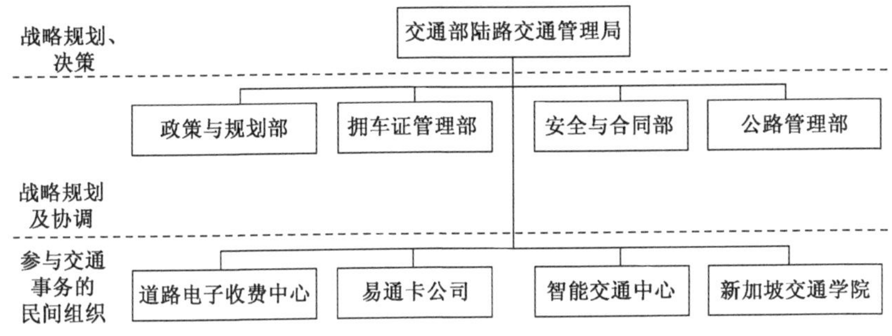

图4-3　新加坡陆路交通管理局组织结构

陆路交通管理局前还有三个专业性的下属机构:通联私人有限公司、易通私人有限公司以及私人有限公司。在改革过程中,新加坡将交通系统内部各交通方式(包括公共交通、私人交通、出租汽车、公交车、地铁、轻轨等)、各专业(包括公交、道路、桥梁、智能交通等)、各要素(包括枢纽、场站、公交停靠站、标志标线、智能卡等)进行了系统整合,实现了交通系统内部规划、建设、管理的统筹协调和高度集成,避免了交通管理的人为分割,以及由此而带来的碎片化和部门中心主义,实现了内部的高效协同。不仅如此,新加坡还遵循了交通行业发展的内在基本规律,即交通系统是按照政策、规划、设计、投资、建设、管理、服务的链条发展的,为了达到“系统最优、设计最好、运行最畅、效果最佳”的目标,通过建立专业部门的“一条线”管理,对交通系统内部从政策、规划、设计、投资、建设、管理、服务、应急等各个环节的职责进行一体化的纵向整合。陆路交通管理局负责交通规划、交通设计、交通建设、交通管理等。其他部门则负责土地、住宅规划、设计、建设、管理等。通过整合,交通行业纵向运行规律的专业性、完整性及交通决策、管理、运行的可持续性、科学性得到有力保证。与此同时,在空间规划、土地利用、环境控制等环节,各综合部门对公共资源进行横向统筹。新加坡在对专业部门进行一体化纵向整合的同时,在项目立项、空间统筹(土地利用)、资金统筹、环境控制等环节,由各综合部门通过“一张图、一张表”对公共资源进行横向综合统筹,确保各行业发展与城市总体发展协调一致。例如,在空间控制(土地利用)这个层面上,将住宅、工业、交通放在一个平面上,在综合统筹、资金统筹、环境控制等方面都进行了类似的合作,确保了各行业间及各行业与城市发展的整体协调和统筹发展。

新加坡交通部致力于成为具有前瞻性、积极进取的组织。其使命是提高新加坡交通连接性,增强交通部在提高经济效率和生活质量方面的潜力。新加坡的交通管理机构,无论是宏观政策制定层面的交通部,还是微观具体执行层面的城市公共交通管理机构,都考虑到了专业部门和综合部门的优势互补。以陆路交通局为例,部门从纵向层级架构上分为了战略规划决策层、协调指挥层、技术操作层。最高层次的组织为决策层,即交通部陆路交通管理局,负责制定交通部门的总体目标、总体方针和总体方案的实施,负责交通部门机关人财物总的分配及其政策,以及与其他部门的协调和沟通。协调指挥层,即二级规划与执行管理层,负责贯彻上级的总决策、目标、方针和政策,以此为依据,结合本单位具体工作对象的实际,制定本单位的具体工作目标、工作方案,并负责组织、协调、指挥和实施。技术服务与研究层,即道路电子收费中心、一卡通公司、职能交通中心、新加坡交通学院,任务是执行本部门最高公共组织制定的实施方案,在中层组织的协调、指挥下,负责具体的带技术操作性的工作,为上级部门提供相关的技术支持和服务。这是新加坡交通领域的一个特别方法,从基础上保证了整个城市交通的一体化。无论是整体方案的设计,乃至具体的政策收费工具,都在部门内部进行,保证了决策的统一性和有效性。总体而言,新加坡的一体化交通管理体制实现了综合部门与专业部门各定其位、职能错开、各司其职、衔接顺畅,为打造世界级一体化绿色交通体系提供了制度保障。

第二节　国内部分城市交通运输一体化管理体制

一、北京市交通管理体制

2003 年,为进一步建立集中统一的交通管理体制,强化交通对经济和社会发展的基础性保障作用,通过制度安排和规则设计,完善交通行政管理运行机制,消除政府组成部门间职责交叉、权责脱节、效率不高、政府机构设置不尽合理、行政运行不够健全等制约城市经济社会发展的因素,建立健全更为综合、更为完善、更为高效、更为畅顺的首都大交通行政管理体系,北京市委、市政府决定继续深化首都大交通行政管理体制改革。

北京市交通委员会由专职委员和兼职委员组成。专职委员包括市交通委主任、副主任;兼职委员包括市计委、规划委、市政管委、市财政局等部门的主管副主任或副局长以及市公安局公安交通管理局、北京交通发展研究中心的主要负责人。通过这种委员会领导体制，北京市希望能够将原来分散在多个政府部门多头管理的各要素、各环节进行大综合，集成归口到交通主管部门统筹综合管理。此次交通调整的主要职能包括：将原由市政管委承担的城市道路、桥梁以及经营性停车设施的行政管理职能划入市交通委；将原由市公安局公安交通管理局承担的部分路政管理的职能划入市交通委；将原由市政管理委员会承担的城市道路、桥梁及其附属设施维修养护管理方面的职能，原由企业承担的对损坏路面及设施行为的行政处罚等职能划入交通委员会下属的市路政局承担；将原由市政管理委员会承担的经营性停车设施的行业管理职能划入交通委员会下属的市运输管理局承担。

根据上述职能调整，北京市交通管理形成了“一委两局一队”的组织格局，其中“两局一队”是执行层，而交通委是决策层。交通委的主要职责包括：一是贯彻执行国家有关交通行业发展的方针、政策和法律、法规、规章，研究起草本市道路及交通运输方面的地方性法规、规章草案，并依法对执行情况进行监督检查；二是研究制订本市交通发展战略，负责对交通行业改革与发展中重大问题进行调查研究，并提出具体实施方案；三是参与本市城市总体规划、控制性详细规划中有关交通规划的研究，负责审核大型城建项目的交通影响评价方案，负责对市管道路建设项目规划设计方案中有关交通方面的内容进行审查；四是组织编制道路及其附属交通设施建设和交通运输行业的中、长期规划，研究提出城市道路的年度建设计划，组织编制交通专项资金的年度使用计划，负责道路建设工程项目的综合平衡和申报，会同有关部门对交通建设项目的计划执行情况进行监督检查；五是组织制定本市交通运输行业经营资质、市场准入的管理办法，研究制定交通运输、道路建设工程验收及道路维修养护的地方标准和经营服务规范；六是组织协调有关部门研究拟定交通组织方案，协调解决有关交通的综合性问题，协调处理交通行业重大突发性事件，参与处理重大交通安全事故；七是负责拟定本市交通行业科技发展规划和年度计划，指导重大交通科技项目研究、开发和推广工作；八是指导和组织本市智能交通系统的建设和交通行业的信息化建设；等等。

二、香港交通管理体制

香港建立了一体化的交通发展模式。其一体化程度不仅体现在交通系统内部的多种交通方式的一体化和交通规划、建设、管理、运营等各功能单元的一体化，更体现在交通与土地利用的一体化。交通及房屋管理设置在一个部门，有力推动了香港交通管理的可持续性发展。香港的交通管理职能主要由运输及房屋局及其所属的运输署、路政署等部门承担，它们分别履行着决策统筹、执行与监管以及提供专业咨询等职能，建立了决策、执行、咨询服务相互分离又相互协调的行政体制构架，实现了交通管理职能的有效整合。运输及房屋局是香港特区政府统筹制定运输和房屋政策的决策机构。香港对外对内的交通政策，包括航空、航运、陆路及水上交通和物流发展，统一由运输及房屋局制订和发布。香港运输与房屋局是决策与统筹层，是制订陆路交通规划的唯一主体，对特区行政会议和行政长官负责，同时代表特区政府与立法会就陆路交通立法事宜进行对接。由一个决策局集中处理交通运输和房屋发展，可以从整体战略层面更加有效地巩固和加强香港作为亚洲首选运输及物流枢纽和国际航运中心的地位，使得政出多门的现象很难出现。

在香港的交通管理体制中，运输署、路政署、民航处、海事处等部门具体履行各自领域的交通管理政策执行及其监管的职能。其中运输署负责管理道路交通，监管公共交通机构，签发驾驶执照及车辆牌照，提高道路安全，并制定长远规划以配合交通设施和服务上的需求增长。

香港路政署作为香港运输及房屋局的下属机构，主要负责公用道路的策划、设计、兴建及维修保养。同时亦负责统筹属于全香港运输基础建设网络内的道路工程，并统筹及管制各公用事业机构所进行的掘路工程。其主要职责为扩展及改善道路网，以配合交通运输及城市发展的需求；保持道路网的完好及安全状况；为道路网策划、设计、建筑及保养工程提供高质量的技术支持；实施及检讨铁路发展策略。

民航处致力确保航空系统安全及高效率。其使命是奠定香港作为国际及区域顶尖航空中心的地位；维持有效法律制度，以实施根据适用国际民航公约制订的相关条文；借助先进航空导航系统科技，推动航空业发展；确保航空交通管理服务及系统建立高水平的安全标准，并能达到和维持相关标准；在香港飞行情报区内维持既安全、快捷又秩序井然的航空交通；在香港飞行情报区内提供航空资讯服务及警报服务；香港搜救区内飞机出现紧急情况和发生意外时，协调搜索和救援行动；制订和贯彻执行机场安全及航空保安标准；确保香港注册的飞机和以香港为基地的航空公司符合既定的适航及运作标准；确保香港认可的飞机维修机构符合国际标准；确保香港注册的空勤人员和飞机维修工程师符合国际标准；制订策略并积极采取措施，确保所有航机运作符合相关可承受的安全水平，尽量减低航空安全风险；监察航空公司有否遵守双边民用航空运输协定；制订有效措施，以减少飞机噪声对社区的影响；以公正持平方式进行意外调查，确定肇事原因及实况，以保障人命安全和防止同类意外再次发生。

海事处是港务管理当局,主要职能是确保港口运作和全港水域安全、管理香港船舶注册,以及保障香港注册船舶的品质。其使命是“同心协力,促进卓越海事服务”。

香港物流发展局于2001年12月成立,目的是提供一个平台,以便商讨及协调推进物流发展事宜。物流发展局在2008—2009年度由38位来自公营及私营机构的成员组成,他们由政务司司长委任。

航运业是香港的重要行业之一。为巩固香港作为主要国际航运中心的地位,特区政府成立香港港口及航运局,发展及推广香港航运业。2003年6月,特区政府基于一个有关“如何巩固香港作为国际航运中心地位的研究”建议,将香港港口及航运局重组后成立香港航运发展局和香港港口发展局,进一步加强香港航运业和港口业的吸引力和竞争力。香港航运发展局是一个由业界及特区政府官员组成的高层专责咨询组织,负责就制订措施和拟定计划以进一步发展香港航运服务向政府提出意见,亦会协助特区政府推广香港的全面航运服务和宣传在港经营航运业务的优势。

香港港口发展局是一个港口业专责组织,而设立这一组织是为了能更集中地讨论港口的规划事宜,以及巩固香港作为首屈一指的世界级港口地位。香港港口发展局由香港特别行政区政府运输及房屋局局长出任主席,是一个高层专责咨询组织,为私营机构与政府提供议事机制,以便讨论及协调有关港口发展及推广业务。该局负责就香港港口发展策略及港口设施策划以应付未来需求等事宜向政府提出意见,同时协助特区政府宣传香港作为区域枢纽港和全球首屈一指货柜港的优势。香港港口发展局就一切有关港口规划及发展等事宜,通过运输及房屋局局长向行政长官提供意见。

航空发展咨询委员会的主席由运输及房屋局局长担任,副主席由运输及房屋局常任秘书长(运输)担任,机场管理局行政总监、贸易发展局总裁和民航处处长、航空界人士、大学教授、议会议员等15人为委员。其职责是就有关香港民航的广泛政策问题向政府提出建议。

三、成都市交通管理体制

2006年1月,根据四川省机构编制委员会《关于同意成都市组建交通委员会的批复》(川编发〔2005〕49号)精神,撤销了成都市交通局,组建成都市交通委员会(以下简称市交委),挂成都市公共交通管理局牌子。此次大的调整将原市交通局承担的全部职能划入了市交委;将原市政公用局承担的城市公共交通、客运出租汽车行业管理,以及负责制定城市公共汽车营运路线、客运出租汽车等特许经营权资源的市场化配置职能划入了市交委；将市公安局承担的交通道路技术规划、安全设施的规划、管理及经营性停车设施的行政管理职能划入市交委；将市经委承担的铁路、公路、邮政、通信、航空等综合运输协调工作、铁路专用线管理以及物流业的行业管理职能划入了市交委。市交委是主管全市公路、水路、公共交通、出租汽车、城市轨道交通行业和交通运输综合协调的市政府工作部门，将实现统一的规划管理，从而改革成都市公交、长途客运管理职能分属不同部门的状况，对城乡交通一体化的实现起到很大的推动作用。

根据职能调整，成都市交委的主要职责包括七个方面。一是贯彻执行国家有关交通行业方针、政策和法律、法规、规章，结合本市实际，研究制定全市交通行业的发展战略和方针政策，拟订本市交通的地方性法规和政府规章并监督实施。二是负责编制全市交通行业中长期总体发展规划及交通基础设施、城市公共交通、区域综合运输等专项规划并监督执行；制定全市交通近期建设维护、年度项目投资、专项资金开支计划并监督检查；负责全市大型城建项目及配套设施交通影响评价方案的审查工作；制定全市交通行业投融资政策；负责全市交通行业综合统计、预测及信息引导工作。三是对全市公共交通运输行业实施调控和监管，综合平衡交通的衔接；负责运输场站、经营性停车场、机动车维修、机动车驾驶员培训和驾驶学校等行业的管理；负责铁路、公路、航空、水路等多种运输方式的综合协调和全市国防交通保障工作，组织协调重大节假日旅客运输和抢险物资、救灾物资、重点物资、交通战备物资运输。四是负责拟定全市交通建设管理政策、技术标准，培育、管理交通建设市场；负责全市交通建设项目行业管理；监督管理全市交建设履行国家基本建设程序；监督管理交通建设项目的招投标、工程造价、工程质量和施工安全工作；负责全市重大交通建设项目的组织实施；负责全市收费路桥监管；负责公路路政管理、交通设施养护管理；负责交通道路技术规划，安全设施的规划、管理及经营性停车设施的行政管理。五是负责全市水上港航设施的建设、养护和港航监督管理及规费稽征；负责全市水上交通的海事安全监督，船舶及水上设施检验与登记，船舶代理，救助打捞和港口、航道及港航设施建设使用岸线布局的行业管理；负责全市水运市场规划和运力投放的审批办证；负责技术船员培训和发证的归口管理工作。六是制定全市交通行业科技政策；组织科技开发、推动交通行业科技进步；负责交通行业新技术、新材料、新工艺的推广应用和培训工作；指导实施交通行业计量、标准化工作；负责全市交通行业信息化、智能化的规划、建设和管理工作；负责全市综合交通信息资源与公众需求信息的整合处理与协调工作。七是负责对全市经营性道路运输源头安全、公路工程建设及养护安全、水上交通安全和交通企事业单位内部安全管理进行综合指导与监督,督促法人安全责任制的落实;组织协调全市交通行业重特大责任事故应急救援和突发事件的处置,牵头负责一般责任事故调查处理,组织参与重特大事故调查处理工作等。

第三节 发达国家和地区城市交通运输一体化管理的经验

一、国外先进城市交通运输行政管理体制经验

从国外大交通行政管理体制先进经验来看,国外先进城市基本形成了一体化的交通管理体制,城市交通管理由分散走向集中,建立了集中统一的交通管理机构,普遍采用"统一管理、两个层面(决策层、执行层)、三大职能(管理、建设、执法)"的大交通管理模式。依据整体性治理理论,国外一体化交通管理模式可以给我们提供以下方面的启示。

注重并加强交通系统监管及内部分工合作体系建设

伦敦、纽约等国外城市借助于交通管理职能的纵向和横向整合,已成功将交通管理职能整合进了交通管理部门,减少了交通管理中的交叉管理、政出多门等不良现象。然而,交通管理事务的复杂性、多变性意味着仅仅依靠交通管理部门仍然难以有效实现"交通让城市生活变得更美好"的基本理念。因此,在进行交通管理职能整合的同时,国外城市还有意识地理顺交通管理部门与交通运输企业、交通管理部门与社会非营利组织,以及交通管理部门内部机构之间的职能分工和合作关系。如厘清交通管理部门与运输企业之间的职能关系,重视社会非营利组织的参与。纽约、伦敦与新加坡等城市都建立了非政府组织参与交通规划和决策的渠道和机制,鼓励这些组织为城市交通发展出谋划策。注重交通管理职能的横向和纵向整合。纽约州实现了城市交通与区域性交通的统一集中管理,将城市交通的地方街道、路、桥、信号、停车计时器、市营停车场等统一纳入交通主管部门的职责范围内;把通勤铁路及高速公路都纳入纽约州大都会运输署统一协调管理;交通设施从规划、建设、资金来源、资金安排以及管理等都集中在一个部门内,实现了交通管理的纵向一体化。关注交通管理部门内部的职能分工。伦敦交通局主要侧重于交通规划和政策制定,具体的交通管理和服务提供职能则交给城市公交、城市地铁等专业机构来承担。通过建立决策与执行相分离的机制,厘清了各机构之间的职能分工和权力配置,尽可能地降低了机构内部推卸责任、推诿扯皮现象的发生。

1. 注重并加强明晰的权责配置体系和科学合理的组织结构建设

一体化交通管理模式对权力配置和组织结构调整都提出了很高要求，要求组织结构能够支撑交通管理职能的调整，组织权力配置能够推动交通管理职能的有效履行。具体而言，国外先进城市的权责配置和组织结构调整主要特点包括合理分配决策权力，实现职责与权力对等的分级决策体系；加强体制外和民间政策研究组织建设，完善行政决策机制；建立独立、高效的执行机构以及规范化的操作流程。

2. 注重并加强多元化的组织运行机制建设

国外先进城市在设计一体化交通管理体制的过程中，都构建了比较完善的竞争、激励、协调和反馈机制，并注意使之符合一体化城市交通管理机构模式特点，根据行政管理机构与经营管理机构运作的职能与目标不同而有所侧重，同时根据各种机制调节对象、作用方式、欲达目标的不同采取相应的对策，逐步建立和完善运行机制体系，实现一体化交通管理体制运作的整体目标。国外城市交通管理部门的运行机制主要包括服务提供中的竞争机制、跨部门跨机构的协调机制、人民参与机制、监督机制等。

3. 注重并加强严密的法制保障体系建设

城市交通涉及公众的基本出行权利，实现交通管理体制的法制化是国外先进城市交通管理的普遍经验。交通行政管理机构的设立及其职责权限均由相关法律法规予以明确限定，政府机构之间、地方政府之间的关系也有明确的规范要求，这为行政机关执行交通运输管理职能提供了法律依据。交通管理体制改革一旦与原有法律发生冲突，必须以法律的修改和完善为先导。一旦形成新的法律，交通管理体制就得到法律的保护。

第一，从分散到融合再到深度融合的发展路径。发达国家的交通运输行政管理体系也不是一蹴而就的，也是经历了多轮变革。在国家实力较弱的时候，各种运输方式管理散落在各个职能部门，这种分散管理有利于集中资源发展某一项业务，但是日趋成熟后，多种运输方式发展的不协调性就会暴露出来，从而又倒逼交通运输行政管理体制走向大部门统一管理的格局。美国、日本、法国的交通运输行政管理体制的发展都揭示了这样的趋势，都是从分散走向融合，从融合走向深度融合。这与我国的发展路径也不谋而合。只是我国交通运输行政管理体制实行大部门制时间较短，还处于综合交通运输行政管理的初级阶段，部分地区还没有实现多种交通运输方式的统一管理。从整合程度来看，美国、日本、法国的“大交通”管理体制的集成化水平越来越高。从美国的就交通管交通，到日本的国土交通统筹管理概念，再到法国的与生态、环境、能源紧密相连的交通管理体制,都是从“大部制”到更大的“大部制”的发展方式。这对于我国今后发展大部制的交通运输管理体制有一定的参考借鉴价值。

第二,交通运输行政管理中决策和执行相分离。发达国家的决策和执行基本是分开的,决策有决策部门,执行有具体业务部门,避免了可能的重复投资和资源浪费。以美国为例,基本上规划职能都在联邦公共交通管理局,由联邦公共管理局负责综合交通运输顶层决策工作,而其他内设部门职责主要集中在运行调度和安全监督上。同样,在地方层面(以加州为例),加州交通运输部的主要规划职能也是集中在规划处一个部门,决策和执行层面界限清晰。

对于我国目前的交通运输行政管理体制来说,决策层和执行层还存在一定程度上的交叉重合。比如,虽然国家铁路局归交通运输部管理,但是铁路规划和执行还是在铁路局一个部门内,而编制综合交通运输规划的职能则是在交通运输部内设机构中,这样就不可避免的造成了职责的交叉。要改变这种情况,就需要借鉴国外经验进行机构设置方面的科学重组。

第三,交通运输行政管理功能逐渐从内部性向外部性延伸。发达国家已经走过了交通运输基础设施的大规模建设阶段,目前,对于科学管理的需求相比于我国更大。我们可以看到,国外交通运输行政管理的职责内容已经从就交通谈交通,转向了交通运输的外部影响,比如交通安全和交通运输的环境影响。美国在交通运输部中设立了联邦汽车运输安全管理局、联邦公路交通安全管理局、管道和危险材品办公室三个部门,负责交通运输安全监管。各国都在交通运输行政管理职能中突出控制交通运输污染的研究。我国目前的交通运输行政管理功能主要集中在内部,这与我国目前的经济社会发展阶段有关,交通运输基础设施建设依然是重要任务,发达国家的上述发展趋势,为我们进一步优化管理职能提供了可以借鉴的方向。

第四,充分尊重市场、开放市场。不论是美国还是日本、法国,另一值得我们学习的地方就是高度市场化。虽然我国交通运输管理体制进行了几轮改革,但是政企分离还做得不够彻底。以铁路建设为例,目前受交通运输部管理的国家铁路局,在铁路建设的实际工作中发挥的作用远不如中国国家铁路集团有限公司(以下简称“国铁集团”)。甚至地方在规划铁路建设计划的时候,大部分时间需要和国铁集团对接,隶属于国铁集团的各地铁路局名义上已经不承担有关行政审批职能,但是地方在规划铁路的时候必须得到有关地区铁路局的首肯,造成铁路建设领域一家独大的局面,也就直接导致了铁路管理的效率低下。国铁集团这样的发展模式,对于铁路运输方式的长期发展是不利的。这种不利体现在两个方面:一方面,缺乏市场化,使得国有企业在计算建设成本的时候方式比较粗犷;另一方面,铁路的垄断经营同时带来了铁路沿线开发的垄断经营和行事任性,造成了开发效率的低下。同时,因为垄断,铁路行业也成为腐败的高发地。而美国、日本和法国都选择了转向铁路民营,极大地减少了政府对铁路运营的补贴负担。

1986 年以前,日本国有铁道公社是日本干线铁路运输的长期垄断者。1964 年,国铁首次出现财政赤字,且从这一年开始亏损金额呈现逐年上升的态势。到 1986 年,企业的累计亏损额已达到惊人的 16.8 万亿日元,在长期债务方面,还有 25.4 万亿日元的亏空。国铁作为日本国字号企业,其投资和运营的首要目的就是“政治正确”,实现“增进公民福利”,经营成本核算则处于次要位置。在建设运营中,一些新建铁道线路明知会亏损,但为了满足当地出身的议员及官员的要求,企业还是只能硬着头皮继续开展建设活动,维持日常经营管理,将希望寄托在由政府提供的财政补贴上。从 1970 至 1985 年,日本政府对国铁的财政补助累计已达 7 万亿日元的规模。1984 年,政府公债发行额的 5.1% 都投入到国铁的财补。民营化之后,改革的效果十分明显,劳动生产率大幅度提高,运营公司利润增长显著,铁路系统纳税额显著上升,国家财政补贴大幅减少。

我们可以看到,按照每人完成的周转量计算,民营化 10 年后,1996 年是 1986 年的 1.83 倍。由此我们可以计算出,在民营化后,7 家公司的年平均创造经常利润能达到 2000 亿日元,平均每年向国家上缴 1000 亿日元税金。2016 年,仅 JP 东铁的年营业利润已经达到了 20.43 亿美元,按照当年汇率折合约 2300 亿日元。我们必须意识到,发挥政府和民间的双重积极性才是提供公共产品的第一选择。仅仅依靠政府投资及其垄断性经营,没有了市场回馈,既不经济,也不现实。从日本铁路民营的成功,我们可以看到民间资本参与交通运输基础设施建设,能够最大限度地调动社会资源、推进城市的开发速度,提升公共产品的服务水平。当然,也有不支持铁路民营化的业内人士举例说,日本也有很多民营小铁道公司倒闭。关于这一点有两方面原因,一方面这是市场经济优胜劣汰的正常现象;另一方面,铁路建设是一项长期投资,保证充足的客源是其能否收回投资、维持正常运营的根本,而日本地方上的民营小铁道公司客源短缺、经营单一,更没有雄厚的资金作为后盾,以致关门倒闭。大型民铁公司的发展就与这些失败案例不同。一方面,这些公司的运营范围是人口密集居住的大型都市圈。另一方面,随着铁路运营同时获得的还有沿线的城市开发,对整个企业的发展起到了“造血”的作用。就我国就现行的体制来说,铁路运营贸然采取民营的管理手段容易造成民营资本一哄而上,将土地开发置于线路运营之上,造成本末倒置。不过,在一些发展相对成熟的地域,可以适当开展尝试,并且通过政策引导，营造合适的市场氛围。退一步讲，我们可以先开放地方国有性质的铁路公司进入市场，形成竞争，逐步培养市场环境。总的来说，对于目前我国的铁路管理体制，在实现了铁道部向国铁集团进化的同时，也应当思考下一步，就是更加科学地引导铁路运输经营实现更加纯粹的市场化。交通运输发展并不是孤立的，其实与很多事业发展是相通的。

当然，在谈到国外先进经验的借鉴意义的时候，必须紧紧依托我国国土实际、发展实际以及国家-地方分工实际。离开了这些实际谈借鉴，都是纸上谈兵，最终也不会相适应。从国土实际出发，我国国土和美国相当。从发展实际出发，我国的底蕴可能和日本在某些方面比较相近。从国家-地方分工实际看，我国的国家与地方关系紧密程度超过了以上任何一个国家。单单套用任何一个国家的模式，可能都不会成功。但是，正如上文所述，“大部制”发展的趋势是不可逆的。因此，我们的“大部制”发展可以逐步吸收这些集中管理国家的先进经验。比如目前操作性较强的可能是类似法国的部际联席会制度，我们可以先打通壁垒，再逐步融合，最终形成符合中国国情的大部制管理模式。此外，一些国外学者提出公众参与综合交通运输规划的设想。其实作为公共产品的使用者，参与到公共产品和公共政策的制定，从理论上是可行的。不过，我们也要意识到，交通运输是一种特殊的公共产品，综合交通运输体系的规划专业性很强，需要考虑的方面也很多。以我国为例，交通运输部党组书记杨传堂就说过，高铁不可能在每一个县设站，一旦放开公众参与规划，那么公众诉求如何与科学规划相平衡，在现有的发展阶段很难做到。所以，对于这一设想，笔者认为还需持保守态度，不应当将此作为下一步交通运输行政管理体制的改革方向。

二、国内先进城市交通运输行政管理体制经验

与伦敦、纽约等国外城市相比，国内城市尤其是北京、上海和成都等一体化交通管理模式的构建起步较晚，仍然处于摸索中的创新阶段。即使这样，国内城市在一体化交通模式构建方面仍然表现出一些共性特征和值得借鉴的经验。北京、上海、成都等大城市近年来已经相继建立了能够统管各种交通方式，并提高交通与城市发展协调效率的城市交通委员会等主管机构，在综合交通管理体制方面迈出了探索性步伐。虽然这些城市的交通主管部门名称各有差异，职责定位也有所不同，但是这些城市实行一体化交通管理的特点十分明显。

（一）注重并加强决策、执行和监督的“三权分离”框架结构

根据市场经济发达国家的经验，大部制应该坚决实行决策、执行和监督分离。为此，既可以按照决策、执行、监督分离的原则对整个政府机构进行重组，亦

可以从部委内部进行职能划分。交通管理体制的决策、执行、监督既相互协调又适度分离是大交通管理体制普遍采取的组织结构。在各地的大交通管理体制中,决策权通常由综合性管理部门来承担,负责统筹规划交通领域的各项事务。执行权则主要交给专业管理机构来履行,主要是执行决策部门制定的各项制度。需要注意的是,与决策和执行主体明确相比,各地大交通管理模式中的监督权的行使主体及其职责却较为模糊,监督渠道和方式等内容尚待进一步厘清。香港的交通运输管理就超越了决策-执行-监督分离的体制,建立了决策-执行-咨询的权力结构,重视引导非政府组织对交通事务的参与性,运输及房屋署是决策与统筹层,是制定陆路交通(公共交通运输、道路交通、车辆管理、驾驶员管理等)交通政策规划的唯一主体。运输及房屋局对特区行政会议和行政长官负责,同时代表特区政府与立法会就陆路交通立法事宜进行对接,统一的决策主体,使得在交通部门政出多门的现象很难发生。运输署、路政署、民航处、海事处是执行监督层,是通政策与规划的具体执行者,直接对运输及房屋局负责,线条清晰、执行容易。

对于执行中出现的问题或有关建议,亦可直接向运输及房屋局反馈。交通咨询委员会、航空发展委员会、港口发展局、航运发展局、物流发展局等机构是专业的咨询与辅导层。作为高层专责资讯组织,它们为交通政策与规划提供咨询与辅助决策服务,并为进一步发展香港交通向政府提出意见。通过建立“决策-执行-咨询服务”相互分离又相互协调的行政体制构架,保证了交通行业纵向决策的科学性、执行的专业性、行业管理的完整性。

(二)注重并加强交通管理部门内部实施精细化的部门设置和职责配置

以香港为例,按照专业分工实现了精细化的部门设置,设立职责明确的部门是香港运输署实现精细化管理的前提。香港交通运输部门设置的原则主要有两个:一是体现内部“决策与执行”相分离的原则,如署内政策层面为科,具体执行层面为分区办事处;二是体现精细化管理、不交叉原则,通常部门设置的层次为“署—科(办事处)—部—组”。在具体设置中,对某一部门的职责会有明确的界定,不会出现多个部门管理同一事务的情况,责任明确、分工清晰,同时也大大节约了相关协调成本。

(三)整合现有管理职能,建立“一城一交”管理体制改革目标

从上述几个国内主要城市的交通管理体制改革过程来看,无论是其改革的目标取向,还是其管理体制改革的具体实践过程,都是将“一城一交”综合管理体制作为其改革目标和发展过程,管理的综合化、一体化是其基本趋势和大的方

向。这些城市的大交通管理体制改革都是在政府机构改革或交通系统自身管理体制调整过程中进行的，通过将原来具有大交通范畴的各项基础设施建设、行业管理、行政执法等部门和职能进行整合而形成。在行政管理体制改革推动下，交通关键环节改革取得新进展，改变了以往政出多门、政令不一的局面，结合我国的大部制改革，大部门交通管理结构初步形成。统一管理城市客运（公交、出租）、公路、水路运输，机构得到精简，重视各种交通方式的整合，城市公共交通的管理集中化，统一化，扩大了交通的集成效应，明确了责任划分，提高了行政效率，降低了行政成本，避免了因部门主义导致的推诿扯皮。

（四）注重并加强发挥一体化交通运输体系的集体优势

上述几个国内主要城市的大交通管理体制通过几轮改革，基本上实现了城市客运、公路客运和水路客运的统筹规划、协调发展以及有效衔接；建立了与铁路、民航等相关部门的长期协调机制，即联席会议制度，定期沟通和协商各种运输方式之间的矛盾和配合问题，初步建立了综合交通协调机制，降低减少了职能重叠、政策冲突的危害，而这也正是我国政府层面所面临的集中问题。

伴随着交通运输主管部门的几次机构改革，当前我国交通运输行政管理体制改革总体上呈现不断聚焦行业管理，突出宏观性和整体性，与我国的经济社会发展水平相适应，与国民对交通运输事业发展的需求相适应，总体上有以下几个方面特点。

第一，行政管理体制改革总体符合国家战略发展要求。交通运输行政管理体制服务国家战略发展的作用非常明显，特别突出的是民航和铁路在"大交通"体制中的进进出出。1954 年民航局成立之后，隶属关系几经变更，这与民航发展战略在国家整体战略体制中的地位紧密相关。最初的军管机制，产生的背景是我国正处于一穷二白的社会主义建设起步阶段，出于最大力度整合资源、加快实现从无到有的考虑，充分发挥部队管理体制下集中力量办大事的优势，这一阶段的成效也是显而易见的。在空军的技术优势和保障优势下，我国民航事业实现了较好的起步状态。随后一段时间的反复，则与我国不同阶段所处的国际环境和战略环境相关。而随后大段时间由国务院直接管理，则是为了统筹发展，实现从有到大的需要，将民用航空发展作为一项重要的民生工程，通过专门的管理机构，强化工作的横向协调和纵向推进，为民航事业的快速发展打下了基础。而在民航局将民用机场的建设和管理职能下放地方后，民航局的规划和监管职能更加突出，从各类交通运输手段协同发展的角度出发，由交通运输部统一领导也成了必然趋势，因此也就呈现了目前由交通运输部代管的情况。

同样，铁路作为重要的战备设施，最早由铁道部军事管制委员会领导，随后，随着军事职能逐步减弱,民用运输需求的不断增长,管理关系由军委转入国务院。为适应社会主义市场经济发展,1994 年,国务院明确“铁道部兼负政府和企业双重职能”;1998 年,国务院再次明确指出“铁道部实行政企分开,根据行业特点和当前实际,通过改革界定政府管理职能、社会管理职能、企业管理职能并逐步分离”。应当讲,随着我国铁路事业特别是高铁的发展,铁路这一公共资源的市场属性越来越突出,已经不再是提供基本公共服务的简单公共产品,服务分类越来越多,融资规模越来越大,市场化是必然规律。虽然,实际分离的过程至今仍在继续进行之中,但是这种转变方式充分反映了铁路运输行政管理体制服务国家发展战略的规律。

第二,行政管理体制改革促进机构统筹能力不断增强。随着改革开放后各类运输方式的快速进步,交通运输的管理范畴也在不断变大,从最初的水、陆交通管理,到现在的公、铁、水、空和物流业的统筹管理,交通运输行政管理体制的总体趋势是向“大部制”迈进,总体目标是实现“大交通”管理。从机构设置上看,已经基本上完成了对各类交通运输体制的协同管理,并且通过简政放权,下放行政审批职能,修剪具体事务的“枝叶”,突出行业规划管理的“主干”。现在基本呈现主责主业突出、监管职能全面的特点,即对水陆交通发展的主导地位没有削弱,对航空、铁路、物流行业的指导和监管不断加强。通过这种集中管理的模式,我国交通运输发展已经从过去的低水平,向目前的综合交通运输体系迈进,从单纯的建路建桥向枢纽建设迈进,整个行业发展更加注重体系化、科学化、精细化、协同化,党的十九大更是提出了建设“交通强国”的口号,从交通大国到交通强国,虽然是一字之差,确是发展方向和发展理念的重大进步。

同时,围绕新业态、新常态,比如共享单车、网约车等新时代的运输方式,也在不断跟进完善规划管理。

第三,行政管理体制改革激发了行业市场活力。计划经济年代,由国家主导的各领域的政企合一现象非常普遍,虽然从某种意义上讲,政企合一加快了部分产业的孵化和初始发展速度,但是这与市场经济规律是相背离的,也不利于长远发展。由于政企合一带来的垄断地位,导致这些行业的领军者失去了发展的源动力,从而逐步丧失了竞争力。这一点从 20 世纪国企的改制潮中可以窥见一斑。因此,顺应社会主义市场经济发展趋势,就要求我们进入市场、主动竞争。从 20 世纪 80 年代开始交通主管部门不断推行政企分离制度,交通主管部门下放权力,将经营管理的主体责任交给企业,减少对企业市场行为的直接的干预。水运和民航在 80 年代就初步实现了政企分离,港口机场目前都已经实行比较成熟的企业化运营,并且大部分都在地方政府监管之下。

中国国际航空公司等六大骨干航空公司在这个制度下，从80年代开始实现自主经营、独立核算、自负盈亏。港口目前则是多种所有制并存，虽然给监管带来了困难，但是畅通了融资、经营的渠道。公路方面，各地高速公路成立高速公路管理公司，采用市场化模式，开展运营，自主融资、自主发展，通过经营偿还建设债务。目前市场化程度最低的铁路运输也实现了名义上的政企分离，将规划和监管的功能与建设运营的功能进行了初步分离。在这种政企分离的过程之中，多种所有制经济逐步加入交通运输事业发展中来；交通运输发展从最初的国有企业一家独大，到目前的各种所有制百家争鸣，对经济社会发展带来的改变是实打实的。对企业而言，是运输成本的下降，对人民群众而言，是出行成本的下降，对经济社会发展而言，是内需的不断增长。

第四，行政管理体制改革促进了地方交通运输事业发展。在不断完善机构设置和职能摆布的过程中，通过交通运输行政管理体制改革，也不断捋顺了中央和地方的管理关系，中央不断加强对交通运输总体规划的把握，地方的自主权利不断得到加强。

第五章　湖北综合交通运输管理体制机制构建

第一节　综合交通运输管理体制构建

一、构建统一的路网标准体系

当今世界，国际中心城市都构建了一体化的交通体系和与之配套的管理体制作为保障，为提升城市的竞争力提供支撑作用。一体化的综合交通运输体系需要体制机制作为保障，因此，科学、高效的管理体制是实现城市交通可持续发展的重要保障，是构建一体化综合交通体系的基础条件。湖北在努力构筑一体化综合交通运输体系的同时，对交通管理体制改革进行了大胆实践，通过多年来的不断改革探索，不但建立了集海、陆、空、铁、邮等各类方式于一个大部门进行综合管理的模式，更从整个交通体系的政策、规划、建设、养护、管理、服务等纵向运行环节上实现了一体化综合管理，成为我国第一个真正建立一体化大交通管理体制的中心城市。

2009 年，在湖北大部门制改革中实施了新一轮交通行政管理体制改革。在此次改革中，改革决策部门历时两年多，深入研究了湖北城市及城市交通未来发展的方向，以及城市交通发展的规律，同时积极借鉴纽约、伦敦、新加坡、中国香港、首尔等国际中心城市的成功做法，吸取北京、上海、广州、成都等中心城市改革创新大交通的经验，把交通行政管理权分配给交通、铁道、民航、建设、公安等不同部门，由此形成对交通的“多头管理”模式。湖北交通运输委负责全市公共交通、轨道交通、道路交通、道路(含城市道路与公路)、港口、水运、物流及地方事权的航空、铁路的行业管理，将交通管理的核心职能划归同一主管部门下，实行交通资源管理的横向整合。其实质可以看作是在“大交通”和“大部制”这两大理念指导下，将交通管理主体进行整合与重构，并将涉及交通发展的职能集成归口交通主管部门负责。“一体化交通管理体制”则建立在对“一体化交通系统”的管理基础上。一体化交通系统主要包括各种交通运输方式的一体化，交通运输政策、规划、建设、养护、管理、服务等环节的一体化、交通运输管理的资源

(需求、供给、信息)的一体化等。作为一体化交通体系建设的根本保障,它并不是道路、水路、铁路、航空等运输方式简单叠加,而通过管理环节在体制层面的一体化整合,追求发挥各种运输方式的综合效率和组合优势。

作为"大交通管理体制"和"一体化交通管理体制"的集成与发展,"一体化大交通管理体制"在根本上符合城市化背景下城市交通与经济发展之间客观规律,能在更大程度上克服原有交通管理体制的弊端。所谓整合,就是指将一些零散的事物、物质或资源通过某种方式而彼此衔接,从而实现系统的资源共享和协同工作,其主要的精髓在于将零散的要素集成在一起,并最终形成有价值有效率的一个整体,以发挥最大的价值。而作为继新公共管理运动之后开始的另一场西方国家政府改革运动的理论总结,政府整体性治理理论强调政府内部机构和部门间的整体性运作,明确责任主体、主次责任,相关部门参与、友好协作,同时注重治理问题的预防导向、公民需求导向和结果导向,提倡不断进行治理层级的整合、治理功能的整合和公私部门的整合,其在管理资源、管理体制和运行机制上的理念实质上可以看作是"大部门体制"的理论支撑。而作为"大部门体制"在交通领域的践行成果,湖北一体化大交通管理体制的构建与发展也必然能够在整体性治理理论中找到借鉴与导向。可以说,整体性治理正是一体化大交通管理体制所寻求的旨在通过各部门、各系统的有机整合和通力合作,以满足城市发展对交通的需求,以及交通体系生产公共服务产品的治理工具的理想选择。体制机制经验,重点考虑了如何破除构建综合交通体系体制机制障碍,集成分散在多个政府部门的交通管理职能,打破城乡二元结构的体制藩篱,建立一体化管理、一体化布局、一体化建设、一体化发展的大交通管理体制,为构建一体化的综合交通运输体系提供体制机制保障。

在中心城市大交通管理体制研究、改革实施及实际运行过程中,"一件事情由一个部门负责"的大部制改革精神贯穿始终,中心城市发展的实际,要求其交通问题由一个部门来综合统筹负责。同时,要深刻地认识到,构建中心城市一体化的综合交通运输体系,解决城市交通问题,不能单纯地通过提高道路基础设施建设、扩大交通供给加以解决,而是要深入涉及交通的政策法规、规划建设、养护管理、综合协调、运行调控等多层次、多方面内容,既要将中心城市的各交通方式、各专业、各要素等内容进行一体化的横向综合,也要对交通政策、规划、建设、养护、管理、服务等各个方面的管理职责进行一体化纵向整合。

随着城市化的快速推进,经济发展由以点带线的方式开始转为块状发展的经济模式,伴随而来的是公路也逐渐向城市道路演变(即"公路城市化"),同时,城区市政道路也承担着公路网络的联通作用。随着较短时间内城市规模、经济水平的快速发展，原有的市政道路和公路定位已经不能适应湖北当前的城市发展经济增长需求。城市化条件下的交通发展具有综合性的特点，即功能的综合性和建设标准的综合性。一方面，穿越城区的公路需要满足市政功能要求和相应的建设标准；另一方面城市道路也在城市化发展过程中不可避免地融入公路网络当中，发挥公路网的连通作用。

因此，单一按照现有的路网标准体系指导湖北大交通的建设不能够适应城市化发展条件下公共道路建设的需要，必须建立与湖北当前城市化交通现状和行业管理需求相一致的新路网标准体系。

二、构建统一公共道路规范及标准应用指南

城市化进程使得原有的公路和城市道路建设体系已不能适应交通量增长、交通对象多样化的需求，公路同市政道路存在越来越多的交叉性。当前在公共道路的管理过程中，存在市政标准规范同公路标准规范重叠的情况出现，特别对于已建成区的公共道路，建设过程中按照公路规范及标准执行，但是其功能和作用又超出公路的标准，这就要求在进行公共道路建设时将公路规范和市政规范充分结合，制定符合城市化条件下的公共道路规范和标准指南。制定统一的公共道路规范及标准应用指南，有利于公共道路建设管理及验收过程中规范和标准的统一，使建设工作、管理工作、验收工作有据可循、工作高效，是湖北城市化的发展和经济的可持续增长的现实需要。

三、构建全新道路功能

作为城市化高度发展中的湖北省，交通运输行业一体化管理必然有助于正确处理与各级各类行政管理机构的关系。湖北在交通行政管理体制改革过程中，应当理顺市交通行政管理部门与省一级交通行政主管部门、其他同级行政管理部门以及交通行政管理部门内部的关系。合理调节和整合部门利益，任何改革都是既得利益的调整。有时从整体上看是具有效率的改革，从部门利益来看往往就成了“革命”。实行大部制尤其如此，因为大部制改革直插体制内的深层次问题，涉及诸多部门利益，乃至公务员队伍的稳定等问题。那么，进行交通运输行业管理体制改革，就是要以实现湖北省城市交通发展的根本利益为出发点，合理调节和整合部门利益，将改革的远期和近期目标相结合，尤其要关注中期目标，以人为本，简便行政，提高效率，强国富民。

以交通运输行业一体化管理体制改革为例，作为一个跨行业的综合系统，交通运输业的系统效率，不仅取决于各种运输方式各自的技术装备和管理水平，也

取决于系统整体的内部协调与整合水平。从国际经验看,要提高交通运输系统整体的内部协调和整合水平,需要建立对各种运输方式实行综合统一管理的交通管理体系,并在此基础上对交通运输业的长远发展进行科学的整体规划。交通管理由分散向综合,是交通运输业发展的客观规律。发达国家综合运输管理体制的许多成功经验值得国内学习和借鉴。比如在一栋楼里头既是机场,又是火车站,还是汽车站,还是地铁的候车室,通过几个电梯的不同上下,老百姓出行的时候,通过这个电梯走了火车,从那个走了机场,这样的话实际上就是起到综合的交通枢纽的作用,从而使公众出行实现了一种无缝的衔接。组建统一的交通行业管理部门就是要把以前几个分散部门的职能整合为一个整体的交通运输行业管理部门,目的就是整合资源,提高交通行业的行政效率。通过相关部门的梳理,实现交通行业管理部门的服务性转变,最终形成一个高效、便捷、安全、通畅的交通运输体系,也有利于消除部门之间的部门利益。过去各自所掌控的资源形成各自的部门利益,把它整合在一起后就整合成一体的利益,不会恶性竞争,在维护整体职能的同时保证了公众的最大利益。通过运输体系的发展带来新的动力,要建设统一的路网标准体系,就需要进一步优化道路功能:

(1)目标是构筑以公交、行人优先为导向,与城市空间结构和土地利用相协调,支撑特区一体化发展、和谐、畅达、集约、安全的道路交通体系,实现道路交通路权的优化分配与交通品质的整体提升。

(2)优先安排公交、慢行交通的道路空间,实现道路功能由保障小汽车通行为主向保障公交、行人通行为主转变,使道路资源得到最有效利用;统筹全市道路一体化发展,加快原特区外道路设施建设,完善原特区内道路网络布局。

(3)合理分配道路资源,保障公交、慢行交通路权。结合片区交通综合改善、新城中心区道路规划建设,完善片区支路网,突出慢行交通特色,建立良好的慢行交通环境。完善湖北市城市快速路网体系,加强湖北地区各组团间快速交通联系,加强二线通道的规划和建设,支持特区交通一体化发展。

四、构建一体化的公共路网管理体制

"大交通管理体制"主要是针对我国"传统交通管理体制"而言的。我国传统交通管理体制是在计划经济体制及城乡二元结构下逐步形成的,其基本做法是将交通要素进行人为分割,把交通行政管理权分配给交通、铁道、民航、邮政、建设、公安等不同部门,且各部门在职权范围内,决策与执行高度统一,管理上实行自我封闭,由此形成由多种部门对交通实施交叉管理的管理方式。具体而言,在传统交通管理体制中,交通部门负责公路运输(货运、长途客运、郊区出租车)、公路和场站规划建设以及水路交通运输的行业管理;市政部门负责城市公交和城市客运出租车的管理;建设部门负责城区道路的规划、建设;公安部门与交通部门分别负责有关的城市道路交通安全管理与控制。随着社会经济发展形势的变化,这种僵化的管理体制已演变成为阻碍我国中心城市交通发展的主要制约因素,体制性障碍日益凸显,具体表现在交通管理领域政出多门、部门分割、职能交叉、缺乏协调、管理效率低下,回应力极低,严重影响了我国交通运输体系总体效益的发挥。

第二次世界大战之后,欧美及亚洲一些先进国家及其城市开始逐步采用科学的现代化城市交通管理体制来管理城市交通,其内容主要是建立政策制定、设施建设、运行调控三大职能统筹融合,角色分明、权责清晰、高度协调的宽职能、大部门的城市交通管理体制。比如,城市交通运输及交通安全的立法、政策制定、交通规划、交通组织、信号控制,道路、轨道、枢纽、场站等交通基础设施的建设,以及行业运营的规则制订、市场监管、秩序维护等统一由交通主管部门负责;而在需要强制执法的方面,如道路交通秩序执法统一由警务部门负责。在整个城市交通事务的管理上,只涉及交通主管部门和强制执法的交警部门。香港、新加坡及欧美发达国家的中心城市都采用这一模式并且行之有效。这给我们交通管理体制的改革与发展提供了宏观方向上的借鉴。

2008 年初,以"大部门体制"理念为突破口的新一轮政府机构改革拉开帷幕。在这轮行政管理体制改革中,交通运输行业与工业和信息化、人力资源和社会保障领域率先起步。交通运输行业改革的基本做法是,成立交通运输部作为交通行业的主管部门,并将国家民用航空局和国家邮政局由交通运输部管理,划入原建设部负责的城市公交和城市轨道运营监管职责。2009 年,针对交通管理领域中大量存在的根深蒂固的体制性障碍,交通运输部向各地印发了《地方交通运输大部门体制改革研究》的报告。这个研究报告为各地交通部门概括出大部门、大管理、大统筹、大协调的战略思路,提出了地方深化交通行政管理体制改革的原则和目标。报告建议,交通运输主管部门与专业管理机构之间应当划清职权范围,构建职责明确、各司其职的权责划分体系,而其内部的组织结构则向"横向部门化设置机构,纵向层级界定权责"的直线职能制转变,为地方交通管理体制的职能转变、体系重构和体制创新提供了具有方向性和原则性的意见和建议。

在中央改革思路的引领下,一些城市和地区开始探索"一城一交"(即一个城市设立一个综合交通管理机构)的综合交通管理模式,也称为大交通管理体制。这种交通管理体制的主要做法是设立一个综合交通运输主管部门,全面统筹该城市的交通城市公交、城市轨道、出租汽车等各类交通方式的行业管理，并负责对城市对外交通的公路、水路运输，以及铁路、民航等交通方式的综合协调。具体来讲，就是由一个部门在承担原交通部门负责的公路、水路规划、建设、运营的基础上，其职责进一步涵盖其他各类交通运输方式的管理，主要内容是对整个城市的各类交通运输方式进行横向综合和统筹管理。可见，“一城一交”的大交通管理体制实际上是将各类交通方式的管理职能划归同一部门下，进行横向的整合，从方式类别上构建综合交通运输体系。这种体制能够较好地解决城市内部公共交通与对外交通之间管理、运营上的协调矛盾，使交通运输的公共服务水平明显提高。通过以上描述，我们可以得出结论，“大交通管理体制”这一概念是建立在两大理念基础上的：一是“大交通”的理念，二是“大部制”的理念。所谓“大交通”的理念，就是将各类交通方式视为一个有机的整体性系统。从这一理念出发，我们就不难理解为什么在世界范围观察，几乎所有发达国家的中心城市交通管理只涉及一个主管部门，这是由交通系统的整体性所决定的。所谓“大部制”即“大部门体制”，即为推进政府对公共事务的综合管理与协调能力，以行政职能为导向合并职能趋同部门，组成大部的政府组织体制。这种体制的核心是根据政府职能业务的雷同性、共性和重合性合并一些部门，或者扩大一个部所管理的职责范围，从而使多种内容有密切联系的事务交由一个部门管辖，从而避免政府部门分割、职能交叉和政出多门现象的出现。我国政府在大部制改革过程中，对交通管理体制改革的具体做法是组建大交通主管部门，并按照大部门、大管理、大统筹、大协调的思路，将同级政府内原有与交通主管部门平行设置的其他交通运输管理机构，或者属于交通管理范畴的职能，并入新组建的交通运输主管部门。可见，“大交通管理体制”的实质，可以视为“大交通”和“大部制”这两大理念在交通管理领域中的体现，其核心就对各类交通方式的管理主体进行整合与重构，并将涉及交通发展的职能集成归口交通主管部门负责的交通管理的体系与制度。

从全国范围来讲，各中心城市启动的此轮大交通管理体制改革，仅仅是从城市交通各类方式整合外延的层面，对交通体系进行了横向综合，从而在外在表现形式构建综合交通运输体系的交通管理体制改革。但是，这个各类方式横向整合的交通管理体制，还没有触及政策制定、规划建设、承载网络管养等交通体系运行的核心内涵职能；同时，在城市交通政府最终责任承担部门的归属上也未进行明确界定。因而，此轮大交通管理体制改革尚缺乏支撑发挥其组合效率和整体优势的资源性、高端型和责任化的制度安排和体制设计。

（一）交通管理体制的要点

当前，世界发达国家及地区在总结后工业社会交通行业的发展趋势的基础上，按照"横向整合、纵向贯通"的原则，对其交通管理体制进行了进一步地系统整合和发展完善，逐步形成了全国统一、上下一致、职能明确、权责清晰的"一体化大交通管理体制"，减少了交叉环节，有力地促进了城市交通和社会经济的全面发展。

(1)将交通运输系统作为一个有机整体进行统一的规划与管理。除了将铁路、公路、水运、民航和管道五种现代交通方式的主管部门整合为一以外，还将城市交通、邮政、物流纳入交通主管部门统一集中管理，在此基础上，通过功能整合和专业统筹进一步将一些业务范围趋同、职能相近的事项进行统筹协调管理。

(2)对交通管理的职能、职责进行横向整合，使综合部门与专业部门做到各定其位、各司其职、职能错开、权责对等。具体而言，要使得交通部门主要承担的职责是提供交通问题解决方案和提供交通公共服务，而城市综合部门则主要负责资源横向统筹职能，分别从土地、空间、资金、环境等方面对公共资源进行统筹分配。

(3)对交通体系运行的各个环节进行纵向整合，保障交通管理决策、管理、运行的持续性和科学性。为了保障交通行业纵向运行职能的专业性和完整性，实现交通决策、管理、运行的持续性、科学性，世界各中心城市均对交通系统从政策、规划、建设、养护、管理、服务等各个纵向环节的职责进行了一体化整合。

(4)实行决策、执行、监督既相互协调又适度分离的行政运行机制。在交通主管部门的组织内部分设不同机构，分别行使决策权、执行权、监督权，以实现决策层科学进行决策，执行层专心进行行业管理，监督层对决策及执行层进行相应的监督。

（二）交通管理体制主要问题

从我国交通管理改革实践上看，尽管交通领域的体制改革已经在全国各地尤其是中心城市逐步展开，但纵观各地的交通管理模式，仍有许多不足。存在的主要的问题主要是：

(1)负责城市资源配置的综合部门与交通主管专业部门关系不规范，具体表现在虽然将各类交通方式进行了整合管理，但是交通政策、交通规划、交通基础设施的建管养等资源性、高端型职能仍分散于不同的政府主管部门之中，导致整个交通运输体系在纵向运行链条上的割裂，没有形成真正意义上的综合运输体系。

(2)对于城市政府所承担的交通运输最终责任归属的主体部门没有明确界定,导致市民乃至政府部门遇到具体交通问题不知道是谁负责。

(3)从主管部门组织结构上看,交通部门设置规范性不足,决策层、执行层的组织架构尚未真正建立。

(4)从城市全辖区来看,目前中心城市的市、区、郊区县交通管理层级过多,难以形成一体化综合交通体系。

(三)交通管理体制改革内涵

“一体化大交通管理体制”是“大交通管理体制”的进一步发展,在根本上符合城市交通与经济发展之间客观规律,明显能在更大程度上克服旧有交通管理体制的弊端。因此,相对于其他管理体制模式而言,“一体化大交通管理体制”具有更强的宏观调控能力、更好的应变能力、更高的运行效率和社会经济效益及更好的民众认同感,无疑应是今后我国中心城市交通管理体制改革的目标取向。

(1)交通资源的统筹化。城市交通不仅包括以客流、车流、物流为表现的动态交通,还涵盖了承载动态交通运行的网络资源,包括道路、枢纽、场站、停车设施、交通安全设施等静态交通要素。在这种理念下,交通管理也理应成为一个“一体化”的概念,它除了包括对各类交通方式的横向整合管理外,更多地体现在交通政策、规划、建设、管养、服务纵向运行链条整合,以及通过静态交通资源对整个城市交通运行的组织、协调与控制等资源性、高端型、责任化的“宏、中、微”内涵核心职能的整合。因此,“一体化大交通管理体制”不仅要求将所有涉及交通发展的职能统一归并到一个部门,更要求对整个交通体系顺畅、高效运转所需要的资源性、高端型、责任化职能进行一体化整合,形成闭环链条,集成归口一个部门负责,突出强化交通主管部门在管理城市交通体系上的主导地位,只有这样才与交通的一体化内涵相符。

(2)管理体制的整合化。“一体化大交通管理体制”实现了在交通管理领域中管理体系和制度的横向、纵向的一体化和有机整合。一方面,通过成立大部制形态的交通主管部门,横向全面统筹管理城市各交通方式(包括陆、海、空、铁、邮等)、各专业(包括公交、铁路、桥梁、智能交通等)、各要素(包括枢纽、场站、公交停靠站、标志标线、智能卡等)等各个方面,实现管理资源的整合和管理职能的统一,使得管理机构呈现“集中化、专业化、扁平化”。这样不仅有利于政府职能部门之间关系的理顺、有限资源的合理使用和配置,也能有效地促使政府规模合理裁减和政府机构设置的科学化,从而降低行政成本,更好地为公民提供无缝隙的服务。另一方面,纵向上通过交通综合部门和专业部门的科学合理的职能分工,将交通管理的政策、规划、建设、养护、管理、服务等各个方面的权责实现科学配置。通过建立“各定其位、各司其职、职能错开、权责对等”的行政运作机制,促使相关政府部门之间配合的协调、高效和顺畅。具体而言,交通专业主管部门负责城市交通的“规划、设计、建设、管理、服务、安全、养护、应急”等纵向运行职能,而发改、财政、规划国土、环保等综合部门分别从空间、土地、资金、环境等对公共资源在交通、贸工、文教等城市的各行业领域的分配进行统筹配置,承担公共资源统筹配置职责,确保各部门职能协调一致、统筹城市交通的发展。

(3)运作机制的协调化。从管理过程的运作机制来看,一体化大交通管理体制着力于构建交通部门与其他职能部门、内部各组成部门之间的分工协作机制,来实现整个政府组织体系在交通管理领域整体运作的整合性与协调性。在综合部门与专业部门的关系上,在形成顺畅的分工协作机制和闭环责任链条的同时,通过制定法律法规来保障这种分工协作关系,以此来杜绝部门间职责交叉、权责不对等的突出问题。在交通主管部门内部运作机制上,也根据“大部门体制”的要求,形成决策、执行、监督既相互协调又适度分离的行政运行机制,即在交通主管组织内部分设不同机构,分别行使决策权、执行权、监督权,体现出“统一管理、两个层面决策层、执行层、三大职能规划、建设、监管”的特征。

构建一体化的公路网管理体制,就必须在现有交通行业管理体制基础上创新工作机制,广泛应用交通科技,提升交通规划决策与运行管理水平,提高交通管理效率。建立系统优化交通行业组织管理的工作机制,提高组织能力。建立交通综合改善工作机制,持续改善湖北交通状况,形成稳定的交通综合改善工作机制,滚动编制片区交通综合改善规划,通过“短平快”的综合交通改善措施,系统性、持续性改善片区道路、公交、停车以及慢性交通状况。根据各类规划,统筹制定交通综合改善计划并推进实施。加快管理职能转变:交通运输行业管理方式由相对分散向综合高效转变;交通行业管理服务由保障型向优质型转变;交通行业发展由粗放型向集约型转变。

第二节　综合交通运输管理机制构建

一、明确交通机构职能

(1)明确省综合交通运输主管部门职能。将分散在省直有关部门的综合交通运输管理职能进行整合。由整合后的省综合交通运输主管部门负责统筹规划铁路、公路、水路、民航以及邮政行业发展,组织拟订综合交通运输发展战略和政策,组织编制综合交通运输体系规划,拟订铁路、公路、水路、民航发展战略、政策和规划，指导综合交通运输枢纽规划和管理；组织起草综合交通运输地方性法规、政府规章草案，统筹铁路、公路、水路、民航、邮政相关地方性法规、政府规章草案的起草工作；拟订综合交通运输地方标准，协调衔接各种交通运输方式标准。同时，明确省综合交通运输主管部门与其他省直单位的职责分工。在规划方面，由省综合交通运输主管部门负责组织编制综合交通运输体系规划，省发展改革部门负责全省综合交通运输体系规划与国民经济和社会发展规划的衔接平衡。

(2)调整省综合交通运输主管部门内设机构及职能。设置省综合交通运输管理办公室。主要负责拟订全省民航、邮政和地方铁路发展政策，编制全省铁路线网、民航和枢纽专项规划；协调管理铁路、民航、邮政运输工作。

(3)建立健全湖北省综合交通运输发展协调机制。在整合省级层面综合交通运输管理职能的同时，还需积极加强组织协调，联合国家铁路、民航、长江航道等中央垂直管理部门及各市州交通运输主管部门，建立湖北省综合交通运输发展协调机制，如综合交通运输议事协调机制、交通项目前期工作联动协作机制、重大交通项目建设定期调度机制等，加强中央、地方各级交通运输主管部门的沟通衔接，提升综合交通运输的整体效益。

(4)大力推进我省综合交通运输体系建设试点示范。瞄准率先建成现代综合交通运输体系的目标，紧紧围绕大通道建设、农村物流、多式联运等六大领域，积极争取国家部委政策、资金、项目支持，纳入试点示范范围，开展先行先试。

二、合理调节和整合部门利益

实行交通运输行业综合管理体制，就是确立负责交通运输宏观管理的思路，改变原先一个部门负责规划而第二个部门负责行业管理，第三个部门负责建设和运营的分散状况。作为一个跨行业的综合系统，交通运输业的系统效率，不仅取决于各种运输方式各自的技术装备和管理水平，也取决于系统整体的内部协调与整合水平。从国际经验看，要提高交通运输系统整体的内部协调和整合水平，需要建立对各种运输方式实行综合统一管理的交通管理体系，并在此基础上对交通运输业的长远发展进行科学的整体规划。交通管理由分散向综合，是交通运输业发展的客观规律，发达国家综合运输管理体制的许多成功经验，值得国内学习和借鉴。组建统一的交通行业管理部门，目的就是为了整合资源，把分散部门的职能汇集成一个整体的交通运输行业管理部门，从而提高交通运输行业的行政效率，实现交通运输行业管理部门的服务性转变，最终形成一个高效、便捷、安全、通畅的交通运输体系。同时，也有利于消除部门之间的利益之争，在维护整体职能的同时，保证了公众的最大利益。

三、妥善处理与省级交通行政管理部门的关系

对于湖北而言，省级交通行政主管部门要充分发挥湖北交通行政主管部门在本地交通运输管理中的重要作用。根据建设综合运输体系的需要，在规划计划、投资建设、行政审批、政策支持等方面适当倾斜，赋予湖北政府在区域统筹、社会管理、市场监管等方面更多的自主权。省级交通行政管理部门重点应通过科学完善的行业规划、行业政策和标准规范等形式，加强对湖北交通运输发展的行业指导。

湖北交通行政管理部门应根据城市政府的职能分配，积极做好与同级政府发展和改革、财政、规划等相关部门的沟通与协调，为构建和发展综合运输体系创造条件。认真执行中央“一件事情原则上由一个部门负责，确需多个部门管理的事项，要明确牵头部门，分清主次责任”的精神，健全部门间协调配合机制。湖北交通行政管理部门要主动加强与相关规划部门的沟通协调，共同做好城市道路和轨道的规划工作。

四、妥善处理内外城市交通系统内部的关系

以大部门制改革为契机，将执行性、服务性、监管性的职责及相关机构从交通行政管理部门分离出来，作为执行机构；使交通行政管理部门本身主要负责政策制定等宏观决策职能，执行机构和相关事业单位专门负责法律法规、政策标准的执行。积极听取社会公众及中介组织的意见及建议，建立广泛的交通管理交流平台，理顺决策部门、执行部门、监督部门及社会中介组织之间的关系。进一步推进交通综合行政执法改革，充分整合现有的交通执法主体，剥离各专业管理机构的交通行政监督处罚权，将交通行政处罚权、行政强制措施权和行政监督检查权交由新设立的交通综合执法机构统一行使。积极推进交通综合行政执法改革工作，探索交通综合行政执法的有效途径，将综合交通行政执法改革作为城市交通行政管理体制改革的突破口。

五、完善交通运输决策、执行、监督机制

（一）决策机制

当前，尽管湖北交通运输系统中存在一定形式的具备政策研究功能的部门或单位，但是为了进一步提高交通管理决策的前瞻性与科学性，湖北交通管理部门在未来的改革进程中应考虑设置专业的政策研究机构作为决策系统的咨询机

构,来为决策中心的重大战略决策提供信息、进行政策研究、论证方案的可行性。在专业政策研究机构设置和运行的过程中,决策部门还应注意:一要充分发挥政策研究机构的作用,使政策研究机构在研究和分析工作中保持中性,而不使之沦为阐述或证明领导意图的机构,从而为决策机关提供科学、客观的咨询意见;二要坚持决策支持机构与人员的“少而精”原则,以保证其工作的高质量和高效率,同时使之与管理职能部门的工作实现有机的结合,相互沟通,共同研究,切实起到参谋和桥梁的作用;三要实行责权利相统一的原则。政策研究人员不是以执行领导者的指示为前提,而是要对自己决策研究结论负责。

(二)执行机制

当前,交通管理领域的执行机制创新主要体现在交通综合执法改革的推行。所谓交通综合执法,就是将交通行政执法职能从有关单位剥离出来,而政策制定职能继续留在相关的机构,从而实现政策制定职能与监督处罚职能的分离。交通综合执法通过行政处罚权和行政许可权的相互分离,有利于两者相互制约,从而有效地遏制腐败行为,实现依法行政;通过交通各个机构实行联合办公,有利于提高工作效率,提高全行业的管理水平。湖北省积极探索政执法体制机制创新路径,整合交通行政执法资源,逐步建立起“计划、动态、督查、绩效”四位一体的交通政务新模式,并在此基础上构建了部门执行的责任机制、制约机制、保障机制和奖惩机制,有效提升了交通的管理绩效和服务水平。不容忽视的是,一项改革的进行,其难度是很大的,牵扯到权力的改变、利益的调整、新成立部门的合作等各种各样的问题。交通综合执法改革同样如此。因此,在湖北一体化交通管理体制改革的具体运作中,交通主管部门还需要进一步结合湖北交通发展的实际,将综合执法改革真正贯彻到实处。一方面,在从主观上要统一思想认识;另一方面,从客观上看要完善交通综合执法改革的配套制度与机制。另外,交通执法机构的人员与机构的设置以及内部运作机制方面,也需要进一步完善。

(三)监督机制

针对湖北一体化交通管理体制改革的实践,监督机制的完善需要从以下几方面着手。首先,在决策层和执行层之间建立委托授权、责任契约等关系模式,通过加强决策层对执行层的监督考核,形成交通管理系统内部的纵向制约关系,这将有助于遏制权力腐败。其次,利用现代信息技术,建立科学的网络监督体系,强化权力运行监督机制。再次,坚持权力和利益相脱钩,实施收支两条线的财务管理制度,杜绝乱收乱罚。最后,构建起科学的交通管理绩效评估体系。要注重行政权力运行的回应性,在权力运用过程中要追求行政效率,并且以顾客为导向注重交通管理权力的运用结果，改善交通管理绩效。虽然绩效评估主旨在于政府运行机制优化，但它可以在一定程度上起到监督作用，弥补一些管理体制方面的缺陷。同时集中民智民力，广开民主监督渠道，尤其重视大众传媒和社会舆论的监督作用，搞好对监督机构本身的监督，使行政主体、行政行为及其监督者都受到监督，使所有权力运行都置于立体化的监督网络之中。

大部制改革后，由于各大部委的权力迅速扩充，所承担的相应责任也更多、更重，因此，有效地推行行政问责制度，有利于对大部委进行监督，也有利于我国责任政府的构建，更是进一步转变政府职能，提高政府执行力和公信力的关键一环。湖北交通部门要将自身加快打造成“专业化、制度化、责任化、服务型、效能型、创新型”阳光政府工作部门，就一定要按照权责统一、依法有序、民主公开、客观公正的原则继续推行并进一步健全行政问责体系。

六、加强交通行政一体化管理的法治建设

对于湖北而言，需要利用其拥有的“特区立法权”来巩固一体化交通管理体制改革所形成的组织设置、职能定位、职责体系和运行机制，从而保障和推动交通管理体制改革在未来纵深发展。

（一）注重完善立法，以立法来保障和巩固改革成果

一是加快行政机关组织立法。将改革所确定的行政组织设置、职能定位和机制运行以法律的形式固定下来，不得随意变更，如果有变更的需要，需要提请人大常委会对相关法律进行修改。

二是编制法定化。在满足行政系统运作需要的基础上，用法律的形式来控制编制，通过控制编制来控制机构和人员的数量，严格限制机构人员的膨胀。

三是行政程序法制化。严格根据《中华人民共和国行政程序法》来规范交通管理流程，把缺乏的和不完善的程序加以补充，将烦琐的和交叉重复的程序加以简化和合并，并通过法律法规的形式加以固化。

四是根据环境变迁调整现行相关法律。在湖北下一步交通管理的行政立法中，需要对一些法律进行调整，对于符合我国立法原则并适应社会发展的部门立法，可以由人大常委会讨论通过并实施，对于不符合我国立法原则并与现行一些职能相抵触的部立法要进行及时废除处理，使行政过程不断透明化和法制化，从而为后续改革的顺利推进提供法律保障。

（二）注意制度的协同变革，营造良好的内外制度环境

在我国社会转型时期，制度化是体现社会变迁的重要标志之一。所谓制度

化，就是社会关系的程序化、规则化和规范化，其本质要求就是按照规章制度办事，按照既定程序办事。当前社会的急剧转型，社会关系的深刻调整，利益的高度分化，都从不同方面加重了公共治理的负担和责任。因此，公共治理体系必须为复杂的社会关系供应有效的“游戏规则”，以协调社会的竞争和合作，缓解个人与群体之间日益复杂的利益冲突和利益矛盾。在未来湖北的一体化交通管理体制改革历程中，交通管理部门也同样肩负着打破旧有利益格局和构建新的利益结构的重任，需要运用“制度化”来解决改革过程中层出不穷的新现象和新问题。因此，湖北的改革要继续向纵深推进，就必须要重视改革过程中的利益博弈和利益调节问题，而这一问题的解决很大程度上有赖于完善的制度环境来为改革提供良好的“游戏规则”。

(三)重视法规制度执行监控，强化法规制度的执行力

在加快立法和制度构建以外，同样要关注法规制度执行的有效性，提高法规制度的执行力。首先，必须切实提高交通管理相关法规制度设计的科学性与可行性，因为制度设计的优劣，是制度执行力强弱的关键所在。其次，应强化制度执行主体，即交通执行机构对法规制度的认知与认同。法规制度只有能够得到执行主体的认同，执行主体才会在内心信念和行为模式上自觉地接受交通法规制度所规范确定的价值体系和行为规范，才能真正推进交通法规制度的有效执行和法规制度权威的生成。最后，要努力营造良好的现代法理性权威的社会环境氛围。

七、提升交通运输管理的服务水平

(一)进一步完善人民参与机制

现代社会治理体系中，人民参与已经成为不可或缺的重要元素，它既是实现政府善治的重要途径，更是地方治理的核心目标取向。湖北一体化大交通管理体制改革中引入交通公共服务社区理念，非常强调以人为本、公众参与，并取得了一系列成效。在未来的改革探索中，交通主管部门一方面要进一步完善当前人民参与的交通服务社区推广的构建经验，另一方面要在“整体性治理”理念的指导下，继续探索人民参与机制的创新，确保交通公共政策决策引入人民参与，以赢得各方交通参与者的支持，在此基础上促成政府与企业、社会团体、市民互相尊重与信任，在交通管理中形成“合作伙伴关系”。

(二)进一步完善服务机制

如何切实提高对“客户”的服务水平，是未来湖北交通管理体制改革探索所

面临的重要课题之一。从技术层面上看，政府部门服务机制的完善主要体现在政府业务流程的再造，即政府在经过再造的新的管理理念指引下，充分运用信息技术、客户关系管理技术等工具和手段，以电子政务建设为表现形式，对原有的业务流程进行彻底的思考、分析和设计。通过流程再造，政府为企业及公众提供更加优质、便捷、高效、一体化的管理和服务。归纳下来，政府在实现服务流程再造，提高社会公众服务水平的过程中需要经历三个层面的整合：一是服务窗口的整合；二是业务流程的整合；三是组织机构的整合。总体上看，以上三个层面的

整合可以解读为管理型政府迈向服务型政府迈进过程中流程再造的三个阶段，它们之间层层递进，可谓之流程再造“三步曲”：窗口整合、流程整合、组织整合。通过管理流程再造，可以保证决策权、执行权、监督权的快速运转，进一步减少客户排队等待时间，降低行政成本，增强公民信任度，进而推动交通服务的优化，从而提高交通管理绩效。

八、以动态化思想设置基层交通管理机构

随着社会的复杂性和不确定性加强，社会的发展越来越呈现出非线性的性状。美国学者莱维特曾经对此状况有过生动描述：“随着社会与经济任务繁重，在今天这个快速变化的环境中，无论何种类型的组织，不管它的开放程度如何，也必须面对瞬息万变的社会环境，必须注意快速、灵活地满足行政生态环境的要求。”湖北交通管理体制的改革，既是行政系统对行政生态环境变迁所作出的反应，也同时必然引起行政环境诸多方面的变化。在多年的交通管理体制改革中，由于过分强调减少行政层级，将特区外原区级交通管理机构的派驻各个街道的基层交管所予以裁撤。但从实践效果来看，忽视了湖北发展现阶段，特区外街道经济社会环境与特区内街道的实际差异，导致基层交通管理、服务功能的缺失。基层交通管理机构作为交通主管部门服务职能的“神经末梢”，承载着直接为公民服务的职能，其机构的设置也必须既考虑当前动态行政环境的扁平化、矩阵化和虚拟化的要求，又考虑现阶段现实环境的承受能力，重视临时性协调机构的变更与撤销。由于政府组织的正式机构的设置具有一定的变更性，以及大量临时性、短期性行政事务的存在，临时性协调机构的建立便成为必然。可以看到，在湖北交通管理体制改革历程中，一些产生于应对短期特殊事务的市政府层级的临时性交通管理协调机构，在减轻交通主管部门的职能负担、进行机构沟通协调、最大效力发挥机构效能中起到了有效的作用。但是，作为应对临时性事务的“任务型组织”，当行政环境发生变迁，特别是其所面临的任务终结时，这些机构就应该变更或撤销，否则就会与变动的环境相冲突，成为阻碍行政体系良性运行

的顽疾。因此，在一体化大交通体制改革的未来探索中，对于市政府层级的临时性交通管理协调机构既需要有法制的理念又要具备动态性的思想。一方面，对临时性协调机构的设立、更改或撤销，或者是将其升格为常设机构，都必须经合法程序并依照相关法律进行。在机构设立上，应该根据实际需要合理设置临时性协调机构，合理界定职能部门职责和权限，并以法律形式加以固定，以推行依法行政的常态化，做到各司其职，各负其责，而不是等问题成堆时，才组织临时性协调机构去"治理整顿"。同时，对这些机构的管理，也需要严格遵循法律的规定。另一方面，要坚持变动性的观点来对待临时性协调机构的更改或撤销，注意临时机构必须与环境保持同步，避免机构变更的滞后性与惰性。

（一）建立专门的战略政策研究机构

现代决策已经逐渐由个人决策走向集团决策，而集团决策的重要内容之一，就是决策必须有咨询人员参与。因此，咨询机构也成为现代决策组织结构体系中的重要组成部分。所谓咨询机构也称作参谋机构、决策支持机构，国外称为"智囊团""思想库""脑库"等。国外为公共部门决策服务的咨询机构大致可分为两大类型：一类是官方机构，指由官方直接领导和控制的咨询机构，如美国总统的科学咨询委员会；另一类是非官方机构。这类咨询机构也是为官方服务的，但是它不受官方领导和控制，而是采取相对独立的组织形式，如美国的兰德公司。

（二）建立咨询机构，如胡佛研究所

咨询机构对于决策系统而言，是非常必要的，因为它不仅可以帮助决策者对决策问题进行客观、科学和内行的判断，还能够为决策者提供更全面、更准确的决策信息和备选方案，发挥咨询机构在公共部门决策的作用，对于反对决策过程中的主观主义和家长式的独裁作风也具有重要意义。当前，尽管湖北交通管理体系中存在一定形式的具备政策研究功能的部门或事业单位，如湖北省综合交通设计研究院等，但其主要功能侧重于具体项目的决策咨询工作。因此，为了进一步提高交通管理决策的前瞻性与科学性，湖北交通主管部门在未来的改革进程中，应考虑设置专门的战略性政策研究机构，为重大战略决策提供信息、进行政策研究、论证方案的可行性。在专门的战略政策研究机构设置和运行的过程中，应注意：一要充分发挥战略政策研究机构的作用，使其在研究和分析工作中保持性，而不使之沦为阐述或证明领导意图的机构，从而为决策提供科学、客观的政策意见；二要坚持战略政策研究机构的机构与人员的"少而精"原则，以保证其工作的高质量和高效率，同时使之与管理职能部门的工作实现有机的结合，相互沟通,共同研究,切实起到参谋和桥梁的作用;三要实行责权利相统一的原则。战略政策研究人员不是以执行领导者的指示为前提,而是要对自己研究结论负责。

九、湖北大交通管理运行机制的完善路径

通过历次交通管理体制改革,湖北交通系统基本建立了决策、执行、监督相互分离相互制约而又相互协调的运行机制。这种运行机制能够有效地减少管理层次,提高管理效率,降低管理成本,有利于规范权力运行。同时,根据建立服务型政府的需要,湖北交通系统还将服务与执行相分离,形成了决策、执行、服务及监督“三权分立、四位一体”的结构体系。通过健全行业内部的决策、执行、监督、服务运行机制,保障了交通管理工作的稳步高效安全推进。然而,构建整体型政府是一项涉及行政理念转变、职能重组、利益调整、技术支持、公众参与的复杂的系统工程,并且随着社会环境旳不断变迁,政府的职能范围、机构体系和业务流程也必然随之不断发展变化,这从根本上决定了政府内部各部门运行机制的复杂性与动态性。因此,在湖北一体化大交通管理体制改革的未来探索中,加强对政府内部运行机理的规律性反思与总结,进一步完善包括协调机制、决策机制、执行机制、监控机制等内容的运行机制是很有必要的。

(一)进一步完善沟通协调机制

大部制改革使政府部门数量减少而职能扩大,因而行政部门更需要强化沟通力度并减少与其他职能部门的沟通环节。对于交通管理而言,由于涉及交通的事务“点多、线长、面广、体大、事杂”,则尤其需要与政府其他综合部门和相关专业部门建立科学、高效的协调机制,从而保障综合交通工作的扎实有序开展。湖北在从综合交通管理体制向一体化大交通管理体制改革迈进的过程中,着重强调交通问题管理中交通部门的主体地位,通过城市交通管理职责从分散走向集中、从部分走向整体,在专业部门与综合部门间、专业部门与专业部门间构建“逐级、动态、过程型”沟通协调机制,以达到政府各部门间“各定其位、职能错开、权责对等”的目标。从实践上看,“逐级、动态、过程型”沟通协调机制对于协调交通主管部门与交警部门、规划部门、城管部门、各区政府之间的关系上起到了有效作用,但是客观来讲,要真正达到道路设施、交通管理及执法、交通规划、道路建设管养、公共交通、运输市场、交通综治等领域的无缝衔接与综合联动,部门间协调机制还需要在改革中进一步完善。

西方国家对于部际的协调沟通普遍采用两种方式:一是以行政首脑的办事机构作为最高协调机构来调整部门间的关系;二是以部门间联席会议的形式进

行部门间交流协调。根据我国的实际情况以及具体要求,可以从以下几个方面建立健全部际协调机制:

(1)建立部门间信息共享网络。通过建立统一的行政信息网络,解除部门间信息封锁,使不同的部门信息共享,从而提高效率并强化沟通质量。

(2)定期召开联席会议。定期召开经常性的部门首长间联席会议,商讨关系到各部门的重大事宜,从而深化各职能部门领导之间的协调和协同。

(3)做好协调配合工作。对于某些特定问题,可以由共同上级部门根据当时的具体情况赋予某个主要负责部门协调权,并责令其他相关部门积极配合,共同开展合作。

(4)成立临时协调机构。针对某一问题,可以将一些专家、智囊团等相关人士汇集到一起成立类似于企业中的项目组一样性质的任务小组,组成临时协调机构。来解决问题,当问题得以妥善处理后,则临时机构解散。

除了部门间协调之外,交通管理系统内部部门间的沟通协调也是协调机制构建的重要内容。从实质上来看,大部门体制是通过规模的扩大将部门之间的“争利”与“推责”这些增加交易成本的问题以内部化的方式来进行消解。因此,在大部门体制下,行政组织仍然面临着组织内部不同单位、部门间协调的复杂性与高成本的难题,需要良性的沟通机制来实现内部整合与协同机制的构建。湖北交通主管部门要真正解决传统的小部门体制在公共决策、政策执行与监督过程之中的“交易成本”问题,就需要构建和完善决策、执行与监督机构之间的沟通协调机制。可以将两个方面作为重点:

一是借鉴英国和法国政府强化主管领导协调权力的做法,为其设计有效的部内协调制度,并注重充分发挥部门办公机构的综合协调职能。

二是进一步落实自下而上协调机制。自下而上协调机制指不同部门间的基层工作者拥有进行经常性的协调沟通的自主权,而当基层不能就某些问题达成一致时,再逐层向上协调。这样既能发挥基础工作者的沟通能动性,又能使高层管理人员将精力主要集中于具有战略意义的重大问题的协调之上,从而提高政府决策和行政的效率。尽管这种沟通协调在湖北交通管理系统已经初步建立,但其实际运作机制还有待进一步落实与完善。

(二)进一步完善人民参与机制

对人民参与机制的进一步探索必须建立在政府的系统开放的前提下,因为当政府是一个封闭系统时,是不允许人民参与的,而且人民也无从参与。因此,湖北交通系统应在“整体性治理”理念的指导下树立“多中心”理念并进行分权化的制度设计,才能为人民参与交通决策过程开辟空间,进而形成政府和人民的适度平衡和建设性互动关系的多元结构。这种互动关系结构的构建，一方面需要人民参与意识与参与素质的提高，另一方面更需要政府部门作为“元治理”的角色在构建过程中发挥主动、积极的作用。具体而言，交通主管部门要本着尊重人民和服务人民的精神，通过制度和体制的完善去规范人民参与行为，拓宽人民参与的渠道和途径。具体措施包括以下几个方面：其一，使政务公开和决策听证变成常设制度，尊重和保障人民知情权、质询权；其二，强化交通领域的协商和对话机制，进一步疏通民意的表达渠道；其三，建立健全公众传媒的舆论体制，使新闻传播真正成为人民表达交通利益和要求的窗口；其四，建立交通信息反馈机制，除了政府自己开辟专门的信息传导和反馈渠道外，还要吸纳在社会中自发生成的交通政策传导和反馈系统。在社会自治方兴未艾之时，更应通过制度安排去推进各种相关社团组织的自治体制，明确社团组织的职责与功能，鼓励和规范社团组织扮演更为积极的治理角色。

（三）进一步完善决策机制

要保证决策的正确性，除了建立科学的决策机构系统外，还需要有一套完善和健全的运行保障机制。随着市场经济中利益分化趋势的加强，决策者必须回应多元化利益诉求，同时，在多元利益格局下，各种利益主体的博弈需要规范与平衡。这就要求政府建立起一套完善和健全的“游戏规则”，从制度上保障决策的科学化和民主化。通过历次改革，湖北交通部门逐步建立起了内部决策信息收集、技术咨询、责任追究等相关制度，对重大决策、重要人事、重大工程、重大财务支出等重大事项，坚持“集体领导、民主集中、个别酝酿、会议决定”原则，坚决杜绝“文件会签、口头招呼、个人拍板”等决策现象。然而，决策机制作为整个政府管理机制的核心环节，严格决策规则和程序仅仅只是其中的一个方面。因此，在未来的体制改革中，如何进一步推进交通管理的决策的科学化、民主化、制度化建设，是关系到后续改革的成败的重要问题。政府决策是公共政策生产最重要的工序，只有决策正确，才能为提供民众满意的公共产品。决策机制的创新过程实质上就是推进决策的科学化和民主化的过程，可以从三个方面着手：一是完善决策制度，建立重大决策的调研制度和集体决策制度，同时通过规范决策程序，减少决策的随意性，特别注意建构应对突发公共事件的非常规决策制度；二是提高决策的民主化程度。建立民主集中的议事和决策制度，淡化部门内部决策色彩，增进决策透明度，重视民众对政策过程的参与，同时充分发挥专家和“智库”的作用，建立健全政府决策顾问制度；三是实现决策权责对等，确立并落实决策责任制和失误追究责任制度，同时针对可能发生的各种决策失误，构建和完善对决策者的相应惩戒机制。

(四)进一步完善执行机制

当前,交通管理领域的执行机制创新主要体现在交通综合执法改革的推行。交通综合执法通过行政处罚权和行政许可权的相互分离,能够实现两大权力之间的相互平衡和制约,从而有效地遏制腐败行为;同时,实施交通运输各门类监管事项的综合执法,有利于提高执行绩效,提高对交通监管效能。可以说,交通综合执法改革的实施在当前已是大势所趋。在国务院《全面推进依法行政实施纲要》的指导下和交通运输部提出的"开展交通综合执法改革试点"的工作要求下,湖北已对交通运输综合执法体制机制进行了积极实践,将道路运政、道路路政、水路运政、航道行政、港政、城市公交、轨道交通、出租车、交通工程质检、安监以及协调铁路、民航、邮政执法等大门类执法集成到一个部门承担,整合了交通行政执法资源,并在此基础上构建了部门执行的责任机制、制约机制、保障机制和奖惩机制,有效提升了交通运输行业监管的绩效和效能。然而,不容忽视的是,交通运输综合执法改革的进行,产生了职权的改变、利益的调整、部门间的磨合等各种各样的问题。从运行实践上看,实施交通综合执法改革在取得卓越成效的同时,也遭受着种种因素的制约,这些因素概括起来有主观和客观两个方面。从主观上看,思想认识存在不统一。很多部门对交通综合执法的认识不够充分,比如有的部门没有全面认识"执法"的内涵,仅仅将其限定在"行政处罚"和"行政强制"的范围之内,而忽视日常行业监管等其他内容,从而造成"决策"与"执行"在分界上模糊不清,出现责任的相互推诿,这就容易形成两张皮,出现"综而不合"。从客观上看,综合执法改革最大的阻力来自旧有利益格局的掣肘效应。实行交通运输综合执法体制,将原来分散的各门类执法力量重新组合为一支执法队伍;但这并不是简单人员加总,而是建立综合、专业的执法队伍,这意味着以前的部分执法人员将面临分流。因此,综合执法改革过程中需要解决人员的安置问题,这一问题无疑将成为交通综合执法的重大阻力。另外,专业执法机构的人员岗位与机构体系的设置以及内部运作机制构建方面,也需要进一步规范与完善。因此,在湖北交通管理体制改革的具体运作中,交通主管部门还需要结合湖北交通发展的实际,从以上几个方面进一步将综合执法改革真正落到实处。

(五)进一步完善监督机制

大部门体制下,由于大部门的职能领域扩展,导致权力与职责相应增多,而如何对该部门实施有效监督,就成为一个不容忽视的难点。针对湖北交通管理体制改革的实践,监督机制的完善最重要的是运用法律制度来保障监督的有效性,防止监督权力“空壳化”。具体而言,需要从以下几方面着手。首先,在决策层和执行层之间构建规范的委托授权、责任契约等制度,以此来强化决策层对执行层的监控,形成交通管理系统内部的纵向制约关系。其次,利用现代信息技术,建立透明公开的网络监督体系,形成多元化监督机制。再次,实施收支两条线的财务管理制度,保持权力和利益相分离。最后,构建科学的交通管理绩效评估体系,既要在权力用过程中追求交通管理效率,还要注重权力运行对公民交通需求的回应性,形成科学的交通管理绩效评价体系。虽然绩效评估主旨是在于促进政府运行机制的进一步优化,但它也可以在一定程度上起到监督权力运行的作用,弥补政府内部管理体制中监督力量不足的缺陷。

第三节　湖北省综合交通运输管理体制机制改革的保障措施

湖北省综合交通运输管理体制改革对全省的经济社会发展都有巨大的促进意义,但改革工作不论是在目前还是未来相当长的一段时期内,都会存在改革任务繁重,难度较大的情况。为此,必须得到省委省政府乃至国家层面的大力支持,同时也必须做好综合交通运输管理体制改革工作的保障措施,确保改革工作能够顺利地进行下去,以致达成改革原定的目标。本节将从组织保障、法规保障、技术保障、人才保障这四个方面来对湖北省综合交通运输管理体制改革工作提出相关保障措施的建议。

一、综合交通运输管理组织保障

湖北省综合交通运输管理体制改革工作是一项牵扯到多方面利益的事情,改革的过程中必然会受到极大的阻碍,这要求省委省政府领导要高度重视改革工作,健全各部门领导之间的协调沟通机制,各交通运输主管部门和专业管理机构以及交通运输企业都要按照各自职能分工,做好自身相关配套政策的措施,以追求为人民群众提供优质的运输服务质量为目标,为本轮体制改革的实施提供便利。

在制定综合交通运输管理体制改革的规划时,要及时与省有关单位(如省政府、住建厅、发改委、铁路局等部门)做好协调与衔接的工作;积极对接国家有关环境保护、新型产业布局、国土与资源整合、通信技术发展等要求的政策;积极衔接落实公路、铁路、民航、水路、邮政等各专项工作对本轮改革的执行情况,加大省级各部门之间的协调沟通和合作,齐力推进全省重大项目、重大工程的建设进度;对改革全程进行严密的监控,及时调整不合理、不合法的情况,各市县一级政府要做好对省级体制改革的落实与配合。

二、综合交通运输管理法规保障

综合交通运输管理体制改革措施一定要在法律法规允许的范围内施行,目前来看,国家层面及省级层面并没有完整的综合交通运输法规体系,这对改革工作造成了极大的不便。因此,国家及省级层面应尽快开展综合交通运输的立法工作,要做到科学立法、严格执法、公正司法、全民守法,确保湖北省综合交通运输管理体制改革能够在较为完善的法律框架下进行。为此,需要国家立法机关继续深入研究制定交通运输相关法律法规,构建我国综合交通运输法律法规体系。综合交通运输法规体系中包括跨运输方式法规系统及铁路法规系统、公路法规系统、水路法规系统、民航法规系统,具体见表 5-1。

交通运输方式对应的法规体系　　表 5-1

运输方式		法规体系
跨运输方式		《综合交通运输促进法》《综合交通运输枢纽条例》《多式联运法》
铁路		《铁路法》《铁路运输安全保护条例》《铁路安全管理条例》《铁路交通事故应急救援和调查处理条例》
公路	公路基础设施	《收费公路管理条例》《公路法》
	道路运输	《道路运输法》《道路运输条例》《城市公共交通条例》
水路	水路基础设施	《港口法》《港口管理条例》《航道法》《航道管理条例》《航标条例》
	水路运输	《海商法》《航运法》《国内水路运输管理条例》《国际海运条例》
	水上交通安全和防污染	《海上交通安全法》《内河交通安全管理条例》《船员条例》《防治船舶污染海洋环境管理条例》《海上人命搜寻救助条例》
民航	空中交通管理	《飞行基本规则》《通用航空飞行管制条例》
	机场管理	《民用机场管理条例》
	运输管理	《民用航空器事故家属援助条例》《航空运输危险品管理条例》
	安全保卫	《民用航空安全保卫条例》

三、综合交通运输管理技术保障

在互联网技术飞速发展的时代下，综合交通运输管理体制改革工作应当积极运用“互联网+”技术来解决改革过程中的技术难题。例如，利用电子信息技术提高政府部门办公的效率，提高民众在办理行政审批及行政许可等事项的效率。省委省政府应当做好改革过程中的技术保障措施。在科研方面，应当加大对交通运输领域的科技创新资金投入力度，重点关注各大高校平台对交通运输的发展政策的研究成果，积极构建交通运输政府部门与各大高校联合创新的体制机制，各研究院加强对交通运输领域的重点技术性难题的攻关力度，力争在交通运输体制改革规划、交通通道能力和工程品质提升、安全风险防范等方面有重大突破性成果。同时也要积极发挥交通运输企业的创新作用，加大政策扶持，鼓励运输企业在合法的范围内对运输技术、服务质量、组织结构等方面进行有效的创新。

四、综合交通运输管理人才保障

人才是进行改革工作的基础，改革的各个方面都离不开优秀人才。改革措施的指导及实施，改革工作的顺利完成也完全要依靠人才的力量。因此，省委省政府必须加强对改革工作的人才保障措施。具体措施应包含：加强重点领域科技领军人才和优秀青年人才培养；加快综合交通运输人才队伍建设；培养急需的高层次、高技能人才；促进人才国际交流与合作；加强人才引进与激励机制建设，做好国外人才引进和国际组织人才培养推送工作。

第六章 湖北省综合交通运输管理体制机制改革研究结论与展望

第一节 研究结论

交通是国民经济和城市发展的重要基础性行业，它对一个城市的经济和社会发展具有极为重要的先导性保障作用，而一个城市的交通发展水平和布局从根本上则取决于其交通管理体系的完善程度。因此，国际性中心城市都非常重视交通运输体系的建设。一体化的综合交通体系的构建，除了需要交通设施的更新、交通技术的进步，更需要相应的一体化大交通管理体制作为保障，因为科学、高效的一体化大管理体制是实现城市交通可持续发展的重要保障，是构建一体化综合交通体系的基础条件。

在改革开放初期，交通运输行业由于受国民经济发展相对滞后的影响，交通运输基础设施建设以及管理体制自然也相对落后，到如今改革开放四十年后，从前那种分散的交通运输管理体制显然已不适应于国民经济高速发展的需要，建立综合交通运输管理体制就尤为重要。湖北省级综合交通运输管理体制机制研究的内容主要应该包括：从省级层面设计铁路、公路、水路、民航、管道、邮政、物流和城市交通等部门或领域行政管理整合后的总体组织架构与组织机构的职能，其内部规划、政法、财务、标准、统计、对外合作以及行业管理等职能的整合设想，以及具体实施步骤。通过研究主要得出以下几方面结论。

一是实行“大交通”改革势在必行。交通运输部已于2013年实现了大部制改革，体现了国家对交通运输行业实行统一管理的意志。十九届三中全会对党和国家机构改革的蓝图已经绘就，逢山开路，遇水架桥，将改革进行到底[①]，习近平总书记2018年新年贺词言犹在耳。面对现代化综合交通运输发展新要求，大部分省份已完成“大交通”体制机制改革，并取得显著成效，而我省有必要、有基础、有条件先行先试，突破我省现有的综合交通运输发展瓶颈，推行“大交通”管理，为交通强国建设开启湖北实践，贡献湖北智慧。

---

① 国家主席习近平发表二〇一八年新年贺词[N].人民日报,2018-01-01(01).

二是构建“大交通”要有新突破。在交通运输主管部门成立铁路处和民航处，加挂“湖北省地方铁路发展局”和“湖北省地方民航发展局”牌子，履行相应的行业管理职能；充分发挥“湖北省综合交通运输领导小组办公室”的组织协调职能，营造合力推动湖北综合交通运输新发展，提升综合交通运输整体效益；按照国家强军战略要求，成立统一的交通战备办公室，负责全省国防交通和交通领域军民融合相关工作；充分发挥交通运输主管部门对行业主体的服务、指导和监督作用，建立健全其对交通运输国有企业的考核机制和对交通运输民营企业的信用评价机制。

三是相关部门职责边界亟待理顺。明确综合交通运输体系建设归口交通运输主管部门的职能定位，明确交通运输主管部门与省发改委在交通运输规划、报批方面的职责分工，与省住建厅和省自然资源厅在城市轨道交通方面的职责分工，与省水利厅和省自然资源厅在河道采砂方面的职责分工，与省教育厅在校车安全管理方面的职责分工，与应急管理部门在危险化学品安全监管的职责分工，与相关部门（发展改革、工业和信息化、公安、生态环境、商务、应急管理、市场监管、海关、税务）在成品油监管方面的职责分工。

第二节 研究展望

改革开放来，湖北交通以先进的交通发展理念为指导，以建立服务型、责任型政府为目的，虽经历多次交通管理体制改革，但始终坚持解放思想、实事求是，大胆创新行政管理体制和运行机制，在全国率先建立了与国际中心城市通行规则接轨的、真正意义上的中心城市一体化大交通管理体制。湖北交通行政管理体制改革，在职能设置、组织架构、权责配置、运行机制、制度法规等方面大胆创新、积极探索，基本建立了权责一致、分工合理、决策科学、执行顺畅、监督有力的行政管理体制，为综合交通运输体系的持续快速健康发展提供了体制机制保障，也为国内其他中心城市交通管理体制改革提供了良好的经验借鉴。

一、机构职能配备不断实现拓展完善

任何行政管理体制的建立、改革与完善，都是围绕行政职权的划分或分配进行的。所以，交通管理职能划分和设置是构成交通管理体制的基本要素，交通管理职能的划分或分配在交通管理体制中占有重要地位。经过历次交通行政管理体制改革，湖北交通形成了真正意义上的一体化大交通管理体制，初步实现了湖北省内外交通运输管理一体化、全市路网体系建设一体化、交通运行职能一体化、交通管理组织一体化，为加快建立便捷、通畅、高效、安全的综合交通运输体

系奠定基础。

(一)科学设置交通行政主管职能定位

科学设置交通部门职能定位,依法科学规范职能和权限,是交通行政管理机构设置的前提和基础。从交通系统与外部的横向关系来看,交通部门职能定位主要解决部门之间职能划分不明确,职责相互交叉问题,通过改革理顺了综合部门与交通专业部门之间的关系,保障了综合部门与专业部门权责一致、相互协作;从交通系统内部纵向运行看,主要是实现交通工作各环节的一体化管理,通过改革实现了交通行业内部纵向整合,从政策、规划、设计、投资、建设、管理、服务等各个纵向环节的职责进行一体化整合,保证了交通系统从决策到运行的持续性和科学性。

(二)合理划分交通与其他部门职责定位

交通部门实施一体化大交通管理体制,坚持交通工作原则上由交通部门负责统筹抓总,确需多个部门负责的,要明确牵头部门,分清主次责任。经过改革,交通部门明确了与规划国土部门关于交通规划的职责划分;交通部门与公安交警部门关于道路交通管理、道路交通配套设施的建设管理、道路开挖、保障道路交通畅通等的职责划分;交通部门与城管部门关于道路照明、绿化、道路执法以及户外广告等方面的职责划分。通过合理划分职责,明确了交通部门与相关部门的主次责任,为交通工作的持续稳步推进创造了良好的条件。

(三)建立交通与其他部门沟通协调机制

交通部门虽然实行了"大部门制",涉及交通的事项由交通部门负责,但是更需要清醒地认识到,涉及交通的事务"点多、线长、面广、体大、事杂",更需要与各综合部门和相关专业部门建立科学、高效的协调机制,保障综合交通工作的扎实有序开展。改革实施后,交通主管部门与规划国土部门、交警部门、城管部门、各区政府之间按照"逐级、动态、过程型"的模式,就城市规划与交通规划、交通管理及执法、道路建设管养、公共交通、运输市场、交通拥堵治理等方面形成无缝衔接与综合联动的协调机制。

(四)合理配置交通部门内部机构职能

在探索实行职能有机统一的大部门体制基础上,按照决策权、执行权、监督权既相互制约又相互协调的要求,交通部门内部机构划分为"决策和执行"两个层级,其中决策层职能定位体现综合性、宏观性和监管性,主要承担制定政策、规划、标准等职能并监督执行;执行层职能定位体现事务性、具体性和服务性,主要承担交通决策的执行和服务职能等。

(五)积极推进交通行政管理职能转变

经过多年的实践探索,我国政府职能转变的目标和内容已经明确,即与社会主义市场经济相适应,切实把政府职能转变到经济调节、市场监管、社会管理和公共服务上来。交通行政管理部门也逐步了实现政府管理职能向创造良好市场环境、提供优质交通公共服务、维护交通公平正义转变。从交通部门直接服务企业和市民的实际需求出发,更加注重交通公共服务、社会管理、市场监管。根据上述职能转变要求,湖北交通部门有效推进交通行政管理职能转变,主要体现为:

(1)依法履行交通市场监管职能。交通行政管理部门运用行政、经济和法律等手段管理交通工作,依法履行行业及市场监管职能,保证交通运输市场监管的有效性和公正性,有效打破部门保护、地区封锁和行业垄断,建立统一、开放、竞争、有序的现代交通运输市场体系。市场监管的目的是通过对经营主体的资格认证、经营行为和经营秩序的规范约束、各方合法权益的保护等进行监督管理,以维护公平竞争的市场秩序和提高市场竞争的效率。监管的重点是市场准入、公平竞争和维权保护。如:完善安全生产监督管理制度,积极推进安全生产规范化,开展安全检查专项行动;开展联合整治运输市场秩序行动;组织开展集装箱运输行业综合整治等。

(2)创新交通公共服务提供机制。以交通公共产品最终用户为服务导向,恪守行政权力的服务性原则,实现职能模式的结构性转变,扩大决策的公众参与,并以社会和服务对象评价为主;职能结构的设计体现出稳定性和弹性的组织变化要求,提高公共服务能力;职能的运作手段引入市场机制,使政府在组织、规范和引导市场的同时,也能利用市场提高自身的服务和内部管理的能力。

(3)加强对行业组织和中介机构的引导和规范。交通行政主管部门作为交通行业组织和中介机构的规范管理主体,充分履行监管职责,加强行政监管,认真做好引导和服务工作,规范执业行为,逐步形成"法律规范、行业自律、政府监管"的管理体系,促进中介机构规范、有序、健康发展。

二、机构设置优化不断取得成效

机构是政府职能的物质载体,是人员配置关系的表现形式,也是发挥政府职能的组织机制。交通行政管理机构改革是通过合理地规范职能,科学地设置机构,综合地配备人员,构建良好的组织运行架构,解决交通管理层次过多、职能交叉、权责脱节、多头执法和机构臃肿等问题。

（一）优化组织结构

合理设置交通行政组织结构是交通行政管理体制改革的重要内容。湖北交通行政管理部门按照"精简、统一、效能"的原则和"决策—执行—监督"相互制约、相互协调的要求，围绕交通行政职能转变、调整和理顺职责关系，积极推进交通行政机构改革，优化组织机构。其中决策层为各内设处室，执行层为各垂直链条型管理机构、各平面网格型管理机构和各事业单位。

（二）适度控制规模

政府要在城市经济社会发展中发挥好应有的作用，就需要建立一个适度的政府规模。适度的政府规模要求政府职能定位、行政权力范围须与城市经济社会发展相适应，与社会对公共产品和公共服务的需求相适应，政府的机构设置、人员配置数量、行政成本须与城市经济社会发展水平相匹配。在市场经济体制下，转变管理职能，精简机构，精简人员是必然趋势。湖北交通部门根据交通行政管理职能定位，以满足履行职能需要为基准，以节约行政成本为原则，按照职能设置，适度控制人员规模，以最小的经费支出，最大限度地履行职能。

（三）健全工作机制

组织既是机构和人员的关系结构状态，也是行政管理的运行过程，因此，必须健全交通行政管理的工作机制。交通系统的工作机制主要通过层级、权责、纪律以及激励等组织要素体现出来。湖北交通行政管理的工作机制，始终坚持做到层级合理，职责明确，权责一致，通过科学高效的工作机制，激励干部职工的工作热情，充分、准确地实现政府赋予的职能。

三、部门权责配置更加科学统一

职权是履行职责的必要条件，职权设计必须贯彻权责一致的原则。湖北经过历次交通管理体制改革，特别是年一体化大交通管理体制改革，建立了所有交通运输有关事务统一归口交通部门管理的行政体制，最大限度地减少行政部门之间的职能交叉和重叠，从高端的交通运输政策、法规和规划的制定，重大决策和相关项目的建设，到保证运输市场秩序、推进技术进步、多式联运及综合物流等所有相关职能，都能够做到既赋予职权又明确责任，权责一致，贯通到底。一体化大交通管理体制有效解决了政出多门、权责不一的问题，理顺了交通部门与政府其他部门的职责，坚持交通工作原则上由交通部门负责，确需多个部门负责的，要明确牵头部门，分清主次责任，实现权责一致，在赋予部门权力的同时，也

要承担相应的责任,具体体现为:

(1)按照三定方案明确交通行政管理部门责权范围。严格按照权责一致的要求,赋予部门职权,同时明确相应的责任。根据三定方案,湖北交通部门负责全省交通运输(公共交通、轨道交通、道路交通;道路、港口、水运、空港、物流及地方事权内的航空、铁路)的管理工作,负责全市交通系统从政策、规划、建设、养护、管理、服务等各个环节一体化管理;承担保障城市道路交通畅通责任、道路交通安全设施安全监管责任、交通运输工程建设管理责任、交通运输行业监管责任、交通运输综合协调责任等;同时按照"坚持一件事情原则上由一个部门负责,确需多个部门管理事项,分清主办、协办关系,明确牵头部门"的大部制改革要求,明确了交通部门与政府其他部门,如规划、交警、城管等部门的职责划分,切实解决部门职责交叉和权责不一致的问题。通过以上科学合理的设定交通部门的权力和职责,基本实现了权责统一,强化了责任落实。

(2)机构责任分解到具体部门(岗位)。行政管理的特殊性在于它既是有组织的行为过程,又是组织中的各个个体即公务员(雇员)的实际工作行为。因此,交通行政管理机构的责任,必须分解到各个具体的职位上,从而把组织行为同行政管理人员、行政执法人员等实际工作的个人行为结合起来,才能把责任政府制度落实。湖北交通部门根据三定方案,坚持因职设岗,每个岗位都有明确的职责,做到事事有人负责、人人各司其职。目前,湖北交通部门已按照"定岗、定责、定人"的原则,详细制定了各单位(部门)的领导干部分工和工作岗位分工,并将责任落实到具体的责任领导与责任人,使之成为交通部门抓工作、促落实的重要抓手。

(3)依据职责授予相关部门(岗位)行政权力。政府责任规定的只是义务,也就是组织和个人应该履行职责。交通行政管理面对纷繁复杂的事务,内含的是价值观念、利益关系和行为规范的矛盾和冲突。因此,交通行政管理机构和个人承担的责任必须与能够行使的权力相配套、相适应,依据职责授予相应的行政权力,同时承担行使权力产生的责任。

(4)部门决策、执行权力相互分离、相互制约。一体化大交通管理体制把涉及交通管理的事务交由一个政府部门负责,部门职权随之扩充。但是,如果没有决策权、执行权、监督权的相对分离与制约,就没有真正的大部门体制。进一步深化了交通部门"决策"与"执行"的层级设置,规范行政权力运行。

四、运行机制完善不断取得进展

通过历次交通管理体制改革,湖北交通运输系统基本建立了"决策—执行—监督”相互分离又相互制约的运行机制。凡涉及政策法规、制度规范、规划标准等抽象行政行为的决策职能，由交通运输部门决策层集中行使；凡涉及直接从事公共服务和行政执法等具体行政行为的执行职能，原则上由交通运输委设立专门管理机构和辖区派驻机构分区分类行使；凡涉及对行业行政主体及其公务人员实施监察督导职能，原则上由市政府的相关审计监察机构及交通运输委内监察纪检机构行使。通过行业内部健全决策、执行、监督既相互制约又相互协调的权力运行机制，保障了交通工作的稳步高效安全推进。

（一）建立健全科学决策机制

湖北省交通部门逐步建立完善内部决策信息收集、技术咨询、责任追究等相关制度，严格决策规则和程序，对重大决策、重要人事、重大工程、重大财务支出等重大事项，坚持“集体领导、民主集中、个别酝酿、会议决定”原则，坚决杜绝“文件会签、口头招呼、个人拍板”等决策现象。对违规议事、随意决策造成重大损失和社会影响的要严肃处理，决不姑息迁就，切实加强决策的科学化、民主化、制度化建设。

（二）建立健全部门执行机制

湖北省交通系统将政府绩效评估与管理创新相结合，探索从制度安排和模式设计入手，结合实际工作需要，健全部门执行机制。主要体现在：

(1)建立了“计划动态督查绩效”四位一体的交通政务新模式。完善“周一计划、周五动态、过程督查、每月绩效、两级运作”的工作模式，实行编码管理、全程跟踪、刚性督查，构筑闭环工作链条，推动“四位一体”工作制度化、规范化、长效化，使之成为交通管理部门抓工作、促落实的重要抓手，形成了“事事有计划、件件有督查、人人找事做、事事有人做、人人有事做”的良好工作氛围。

(2)建立了部门执行的责任机制、制约机制、保障机制和奖惩机制，以完善的制度和狠抓落实的精神，加大执行力度。把“分管委领导、责任单位领导、责任人”三级责任体系落到实处，一级抓一级，层层抓落实。健全一抓到底、责任到人、监督到位的责任机制，明确分工，细化标准，强化干部的责任意识。

(3)全面推行依法行政。依法行政是对交通部门及其工作人员的根本要求。推行依法行政，对提高政府的执行能力能产生积极的促进作用。依法行政要求政府按照法定权限和程序行使权力、履行职责，如果政府及其工作人员没有按照法律、法规的要求，履行职责，落实工作，或工作落实不到位，将会受到法律的惩处，这就为提高政府的执行能力、确保工作落实提供了法制保障。

（三）建立健全监督督查机制

湖北交通系统努力形成多方位、立体式监督格局，不断提高监督效果。主要为：

(1)建立健全内部监督机构。借鉴香港廉政公署的经验，在保持机构、编制不变的情况下，调整委内部工作机制和人员，成立预防监察领导小组并设立预防监察室，积极开展预防监察工作，突出反腐风险预防监察。以预防监察室为依托，以制度化、程序化、规范化建设为主线，突出抓好工程建设、资金使用、执法处罚、行政决策、许可审批、政风行风六大重点领域的过程管理、环节控制和风险防范，完善内控机制，强化部门预算管理和审计监督，努力从源头上预防腐败，并规范预防监察工作流程，逐步形成自我监督、自我约束、自我管理、自我完善的预防监察体系。同时，在基层党组织设立纪检委员或廉政联络员，建立覆盖全委的纪检监察网络，加强廉政宣传教育，强化预防监察。

(2)健全外部监督机制。依托市委市政府的相关审计监察机构对行业行政主体及其公务人员实施监察督导，积极争取市纪委在交通管理部门独立设置派驻组。依托人大代表、政协委员对部门工作及时监督督导。对重大决策、重点项目工程、重要事项和群众反映强烈的热点、难点、焦点问题，自觉接受人大代表、政协委员的监督督导。

(3)进一步完善政务公开制度，加强信息公开工作，对与群众利益相关的重大问题，及时公开或定期通报，自觉接受人民群众监督。

(四)创新政府部门绩效评估机制

湖北交通部门以政府绩效评估工作为平台，积极探索，大胆创新，突破传统人才选拔机制过程中存在的工作难以量化、考核难有标准、提拔难有依据等问题，建立了科学合理的政府部门绩效评估机制，并将绩效考核作为工作人员业绩评价、晋升评优、选拔任用的重要依据。

(1)强化“论成绩比绩效”的选人用人导向。推出“一把尺子，一面镜子，一个赛场”的绩效评估措施，营造“能干事、想干事、能干大事”的氛围，以年度重要工作三级责任汇编、一周工作动态、一周政务安排汇编等数据信息为依据，将每月工作及其完成情况细化到人，创建了“一把尺子量工作，一面镜子正衣冠，一个赛场赛成绩”的论成绩比绩效选人用人导向。

(2)构建公正、公平、公开的工作竞争平台。通过编印部门月度工作绩效手册，公开、客观、透明的记录所有人员的工作任务及绩效情况，既是个人工作信息的全面展现，又是全委和其他人员工作信息的大汇总，从而为全委工作人员构建一个公正、公平、公开的工作竞争平台。

(3)建立政府绩效评估工作网络。委内专门成立了政府绩效评估工作领导小组，并下设办公室，委内处室及下属岗位安排骨干人员担任绩效评估工作联络员,建立了绩效评估工作联络员制度。通过绩效办、督查室以及各单位(部门)的联络员,构成了政务管理大绩效、大督查网络,实现了“四到位”,即领导力量到位,工作人员到位,工作责任到位,保障措施到位。

(五)建立衔接顺畅的沟通协调机制

湖北在从综合交通管理体制向一体化大交通管理体制改革迈进的过程中,引入整理性治理的理念,强调交通问题交通部门承担主体责任,其他部门配合。通过城市交通管理职责从分散走向集中、从部分走向整体,在专业部门与综合部门间、专业部门与专业部门间构建高效、顺畅、协调运行机制,政府各部门间“各定其位、职能错开、权责对等”,形成“动态、逐级、过程型”沟通协调机制。

(六)建立健全交通预警和应急机制

湖北交通部门针对未来综合交通应急专业性强、协调性高、多方式、一体化的特点,按照“立足常态、满足应急”的原则,整体统筹、有序推进,构建统一指挥、反应快速、平战结合、整体联动、运转高效的综合交通应急体系,实现多线路之间网络应急、多交通方式之间协同应急、应急部门之间联动应急。提高交通运输部门应对突发事件的能力,妥善处理各类突发事件,维护正常交通秩序,保护国家和人民利益不受侵害。

五、制度法规建设不断实现突破

(一)制度建设

制度建设是抓好交通工作的根本。邓小平同志曾极其精辟地指出:“制度问题更带有根本性、全局性、稳定性和长期性。”胡锦涛同志强调“要着力在领导干部特别是高中级干部中树立法律面前人人平等、制度面前没有特权、制度约束没有例外的意识”。这都是对制度重要性的诠释。交通行业制度建设是交通管理体制改革的重要保证,湖北交通系统始终坚持用制度管权、管事、管人。具体表现为:

(1)建立健全决策制度。特别是健全调查研究制度、集体决策制度、重大决策事项的听证及公示制度、专家咨询和评估制度、决策的责任制和责任追究制度。

(2)建立执行制度。推行政府绩效管理和评估,明确交通部门政府绩效管理的指导思想、原则和目标以及绩效评估的实施主体、评估内容、评估方法与程序;同时建立合理的评估指标体系和评估机制,努力提高绩效评估的公正性、准确性和有效性。

(3)健全责任追究制度。坚持“权责统一、依法有序、民主公开、客观公正、有错必究”的原则,严格规定交通行政问责的主体、客体、方式和内容,明确相关人员的政治、行政和法律责任,规范交通行政问责的程序;建立行政责任追究制度,健全行政问责机制,并把行政问责与行政监察、审计监督、绩效评估有机结合。

(4)完善监督制度,加大交通行政权力监督。交通行政行为依法接受纪检监察机构的监督,及时接受人大代表、政协委员的监督,同时接受新闻舆论、市民监督,形成多方位置的监督体系。

(二)法规建设

交通行业法规建设是交通行业实施依法行政和保障交通行政管理体制改革的重要基础,法规建设和依法行政是政府管理的根本,也是深化行政管理体制改革的根本问题。湖北交通行业按照“合法行政、合理行政、程序正当、权责统一、高效便民”的要求,加快建设法制型政府和服务型政府,加强和改进政府立法,特别是加强社会管理和公共服务方面的立法。同时进一步严格执法,强化执法责任制,并建立健全权责明确、行为规范、监督高效、保障有力的行政执法体制。进一步完善行政复议、行政赔偿、补偿制度,完善执法程序,规范行政复议程序、提高复议效能,建立健全行政复议的激励、保障和责任追究机制。加强对法律、法规、规范实施情况的评价,及时修订、调整、完善交通行业有关法律、法规和规范。

交通是国民经济和城市发展的重要基础性行业,它对一个城市的经济和社会发展具有极为重要的先导性保障作用,而一个城市的交通发展水平和布局从根本上则取决于其交通管理体系的完善程度。因此,国际性中心城市都非常重视交通运输体系的建设。可以说,当前具有一体化综合交通运输体系已经成为各大中心城市参与全球竞争、奠定中心城市地位的基础、先导和保障。一体化的综合交通体系的构建,除了需要交通设施的更新、交通技术的进步,更需要相应的一体化大交通管理体制作为保障,因为科学、高效的一体化大管理体制是实现城市交通可持续发展的重要保障,是构建一体化综合交通体系的基础条件。湖北在努力全球性物流枢纽城市的过程中,已经逐步建立起了一体化大交通管理体制。一体化大交通管理体制改革的成功实践不仅为改革开放年来湖北交通运输事业的持续高速增长提供了重要保障,为湖北的经济社会发展提供了强大动力,也为其他中心城市的交通管理体制改革提供了有益的经验借鉴。

一体化大交通管理体制改革必将是渐进性和持续性的,也会遭遇到来自各方面的困难与阻力。因此,在探寻湖北一体化大交通管理体制的未来发展路径中,更需要在科学发展观的指导下,结合整体性治理的理论思想,进一步形成关于中心城市发展和交通发展的合规律性与合价值性的认知理念,在此基础上,通过体制的日益优化和机制的不断完善来推动一体化的交通管理体制改革的纵深发展,才能化解前进中的掣肘。

参考文献

[1] 韩保中. 全观型治理之研究[J]. 公共行政学报,2009(31).

[2] 张立荣,曾维和. 当代西方"政体政府"公共服务模式及其借鉴[J]. 中国行政管理,2008(7).

[3] 梁晓杰,尚文豪. 美国的交通行政管理体制[J]. 综合运输,2008(9).

[4] 樊东方. 日本交通运输管理体制概况[J]. 综合运输,2008(11).

[5] 宋苏,杨雪英. 英国交通运输行政管理体制概况[J]. 综合运输,2008(10).

[6] 李嘉美. 美国和日本大交通体制的借鉴[J]. 行政管理改革,2012(10).

[7] 文宏,张德宝. 当前我国交通行政管理体制改革的目标趋势[J]. 内蒙古农业大学学报(社会科学版),2008(4).

[8] 马尧. 重庆市大交通管理体制初探[J]. 重庆交通大学学报(社会科学版),2012(5).

[9] 梁强勇. 一城一交:杭州综合交通管理体制改革的目标取向[J]. 综合运输,2008(3).

[10] 张强,吴克昌. 地方大部门体制改革模式研究:以广东省交通体制改革为例[J]. 云梦学刊,2010(3).

[11] 张文艳. 浅析城市交通管理体制改革[J]. 交通企业管理,2011(7).

[12] 张德宝. 深化我国交通管理体制改革的总体思路[J]. 法制与社会,2009(4).

[13] 文宏,张德宝. 当前我国交通行政管理体制改革的目标趋势[J]. 内蒙古农业大学学报(社会科学版),2008(4).

[14] 金安,周志华,刘明敏. 新加坡城市交通发展模式对广州的启示[J]. 城市观察,2010(4).

[15] 王佃利,吕俊平. 整体性政府与大部门体制:行政改革的理念辨析[J]. 中国行政管理 2010(1).

[16] 竺乾威. 从新公共管理到整体性治理[J]. 中国行政管理,2008(10).

[17] 杨立勋. 世界先进城市管理研究[M]. 北京:中国社会科学出版社,2009.

[18] 张晓峰,杨伟. 大城市公共交通发展探讨[J]. 交通标准化,2008(14).

[19] 艾文国,吕峡,张磊. 我国交通管理体制改革势在必行[J]. 中国改革,2007(11).

[20] 曾凡军. 从竞争性治理迈向整体性治理[J]. 学术论坛,2009(9).

[21] 曾维和. 新公共管理的局限性及改进路径[J]. 东北大学学报(社会科学版),2009(3).

[22] 丛志杰. 当代西方国家政府公共管理职能的转型及启示[J]. 内蒙古大学学报(人文社会科学版),2002(5).

[23] 任永生. 我国政府公共管理的善治分析[J]. 改革与开放,2009(12).

[24] 王利民. 公众参与政府交通运输管理问题研究[D]. 长春:吉林大学,2013.

[25] 宋苏,杨雪英. 英国交通运输行政管理体制概况[J]. 综合运输,2008(10).

[26] 宿志鹏. 对我国交通运输管理体制改革的探讨[J]. 民营科技,2014(3).

[27] 韦耀. 国内外综合交通管理体制改革现状综述[J]. 大众科技,2016(8).

[28] 刘宏波. 关于创新我国综合交通运输管理体制的路径思考[J]. 东方企业文化,2015(9).

[29] 刘继萍. 浅谈我国交通运输管理体制[J]. 科技视界,2013(25).

[30] 谢琼芝. 浅析我国综合交通运输管理体制存在的问题与对策研究[J]. 中国新技术新产品,2015(13).

[31] 李妮,王建伟. 我国综合运输体系管理体制问题分析[J]. 交通企业管理,2009(1).

[32] 巴云军. 关于综合交通运输管理体制的构建[J]. 人力资源管理,2016(7).

[33] 张羽琦. 构建我国综合交通运输管理体制研究[J]. 交通企业管理,2014(4).

[34] 高万春. 完善综合交通运输管理体制的思考[J]. 合作经济与科技,2015(12).

[35] 赵庆国. 推动综合交通运输体系建设[J]. 理论探索,2013(13).

[36] 潘颖. 综合交通运输体系的发展研究[J]. 河北交通科技,2007(3).

[37] 杨茂新. 浅析交通运输管理体制的改革[J]. 现代商业,2007(16).

[38] 李宇. 深圳市交通行政管理体制改革研究[D]. 大连:大连海事大学,2012.

[39] 陈定蒙. 省级道路运输管理机构职能分析与改革研究[D]. 长安大学,2015.

后 记

历时三年，经过广泛的走访调研、细致的理论研究归纳和国内外典型经验的对比，倾注了编写团队的大量心血，本书才最终得以完稿。在此，作为湖北交通战线的一名普通科技工作者，笔者为能够将管理学知识运用到实践之中而感到自豪；作为湖北大交通事业的普通一员，笔者为能够在建立国际化一体化综合交通体系过程中贡献智慧和汗水而感到欣慰。

本书是在湖北省2019年重大调研课题基金项目《构建湖北“大交通”管理体制机制问题研究》的成果基础上整理形成，凝聚了湖北省发展与改革委员会、湖北省交通运输厅公路管理局、武汉市公路管理处、黄冈市公路管理处和湖北交通职业技术学院的广大专家和科研工作者的经验和智慧。

在书稿的写作阶段，得到了湖北交通职业技术学院领导和同事们的大力支持、关心与帮助。特别感谢王孝斌教授、李全教授，他们是湖北省交通行业的专家，在研究上给予了我许多学术灵感。感谢湖北省委政策研究室领导，他们对于综合交通规划领域有着深入的研究，给予了我许多专业启迪，是我的良师益友。感谢课题研究组熊文林、翟娟、李睿乾、郭向红、易苗、杨晔等，在撰写过程中，他们给予了我许多研究上的支持和帮助。最后，我要特别感谢我的家人，他们给予了我无微不至的呵护和关照，以及不断进取事业和迎接挑战的勇气。

要感谢的人实在太多，无法一一提及，只能将感谢与祝福默默留在心里。

李　刚

2022 年月于藏龙岛